힘 옴, 품은 뜻 이루소서

운명을 바꾸는 빛

# 빛나는해피불

동휘 지음

불상은 대부분 금빛으로 칠한다. 부처님 말씀이 소원을 이루는 최고의 황금률임을 상징적으로 나타내기 위해서이다. 부처님은 세상을 행복하게 하는 법이 바로 빛임을 일깨워 주셨다.

불법에 따라 사는 삶이라 하면, 정신적 평안을 얻기 위해 물질적 풍요를 버리는 것으로 생각하는 사람들이 많은 듯하다. 하지만 이는 불교에 대한 오해요, 착각이다. 일단 불교는 물질과 정신을 나누는 이분법적인 종교가 아니다. 또한 불법에 따라 살면 정신적 평안은 물론이고 물질적 풍요도 이룰 수 있기 때문이다.

부처님께서 새벽별을 보고 깨치신 뒤 첫 일성(一聲)이 "희유하고 희유하도다. 일체 중생에게 모두 불성이 있구나."라는 것이었다. 모든 중생이 부처님처럼 '이미 완전한 부처'라는 것이다. 부처님 말씀처럼 우리 모두에게는 부처님의 무한한 능력이 들어 있다. 다만 그 능력을 사용하는 방법을 모르고 있을 뿐이다. 그 사용법을 알려 주기 위해서 이 책을 쓰게 되었다.

부처님이 황금 옷을 입고 계신 까닭이 무엇일까? 법당에서 황금빛 부처님을 바라보며 궁금하지 않았는가? 이는 앞에서 잠깐 언급했듯이 세상 모든 보물창고의 문을 여는 열쇠가 바로 빛임을 깨닫게 해 주기 위함이다. 부처님께서 황금 옷을 입고 계신 것은 우리 모두가 빛나는 존재임을, 빛의 진리를 상징적으로 표현해 주기 위함이다.

부처는 부처의 이야기를 잘 알아듣기 마련이다. 그런데 우리는 그동안 부처님의 말씀을 잘 알아듣지 못했다. 설명이 너무나 길고 어려웠기 때문이다. 이미 부처인 우리에게 부처의 이야기를 장황하게, 진부하게 풀어놓으면 귀에 들어오지 않는다. 왜냐하면 부처는 지금 바로 이 순간에 빛나는 것이기 때문이다.


별은 별들의 이야기를 안다. 부처는 부처의 이야기를 안다. 그냥 스위치를 누르면 컴컴한 방이 밝아지는 이치를 체득해야 한다. 그냥 누르면 되는데도 불구하고 불을 밝히지 못한 까닭은 무엇인가? 빛을 사용하는 매뉴얼 대신 방의 모양, 전기의 성질, 스위치의 구조, 내부 디자인 등 엉뚱한 방향으로 공부하고 노력해 온 탓이다.

이 책에는 오롯이 빛나는 이야기, 열린 이야기를 담았다. 거추장스러운 포장 없이 빛의 속도로 생각을 적었다. 기존의 틀을 깨고 대광명의 눈이 열리고 빛의 소리가 들리고 축복의 말문이 트이기를, 빛의 중심이자 빛이 나오는 자리가 바로 자기 자신임을 알아차리기를, 부디 이 책을 통해 빛으로 들어가는 문인 해피게이트가 해피만다라임을 깨닫길 바란다.

이제 자기 안의 불성을 깨울 방법을 알기만 하면 된다. 방법은 간단하다. 매일 삼천 배를 올리거나 식음을 전폐하고 기도에 정진하는 것은 선택받은 일부 수행자의 몫이다. 최고의 깨달음은 원래 쉽고 간단한 법이다. 원효 대사도 '나무아미타불' 한 문장으로 신라 전체에 불법을 전파하지 않으셨던가.

빛을 의식하자. 그냥 계속 햇빛, 불빛, 부처님을 생각하고 밝은 쪽으로 스위치를 누르면 된다. 나 역시 출가 이전 어둡고 추울 때가 있었다. 나 자신이 빛으로 치유했기에 그 에너지의 힘을 정말 잘 알고 있다.

내가 체득한 우주의 비밀을 많은 분들에게 알려주고 싶다. 세상을 향해 매일 새롭게 빛나고 싶은 당신에게 운명을 바꾸는 빛을 선물하고 싶다. 그런데 너무 간단해서 의아해 할 수도 있다. 그렇게 한다고 해서 정말 달라질까 의문을 품는 게 당연하다. 하지만 진리는 배고플 때 밥 먹는 것처럼 아주 쉽고 간단한 것이다.

매 순간 그냥 빛을 먹으면 된다. 최고의 진리는 쉽다. 빛의 속도로 빨리 배울 수 있다. 그리고 빛처럼 거침이 없고 모든 것과 통한다.

역사상 빛의 에너지를 가장 잘 쓴 사람은 칭기즈 칸(Genghis Khan, 1162년 ~1227년)이라 할 수 있다. 그는 타임지에서 선정한 '세계사에서 가장 큰 영

향력을 끼친 인물'이기도 하다. 어렸을 때 '강철'을 뜻하는 '테무진'으로
불린 그가 남긴 말은 절망하는 이들에게 큰 용기를 준다.


집안이 나쁘다고 탓하지 마라. 나는 9살 때 아버지를 잃고 마을에서
쫓겨났다.

가난하다고 말하지 마라. 들쥐를 잡아먹으며 연명했고, 목숨을 건 전
쟁이 직업이고 일이었다.

작은 나라에서 태어났다고 탓하지 마라. 그림자 말고는 친구도 없
었고, 병사는 10만, 백성은 어린이와 노인까지 합쳐 200만도 되지 않
았다.

배운 게 없다고, 힘이 없다고 탓하지 마라. 이름도 쓸 줄 몰랐으나 남
의 말에 귀 기울이면서 현명해지는 법을 배웠다.

막막하다고 그래서 포기해야겠다고 말하지 말라. 목에 칼을 쓰고도
탈출했고, 뺨에 화살을 맞고 죽었다 살아나기도 했다.

적은 밖에 있는 것이 아니라 내 안에 있었다. 나는 내게 거추장스러
운 것은 깡그리 쓸어버렸다.

－『위기를 기회로 바꾸는 포용의 힘』 252쪽, 우종철 지음, 신원문화사


칭기즈 칸은 밖과 안이 같다는 것을 깨달은 인물이다. 그는 비록 많은
사람을 죽게 했지만, 어두운 빛을 극복하고 빛나는 쪽으로 문을 여는 순간

그는 칭기즈 칸이 되었다. '테무진'이라는 강철에 빛이 들어가 '칭기즈 칸'이 된 것이다. 오색의 서조가 "칭기즈, 칭기즈, 칭기즈." 하고 울었다는 전설이 내려오는데, 칭기즈 칸은 '광명의 신'이라는 뜻이다.

21세기는 빛의 시대이다. 이 시대를 살아가는 우리는 이제 상생의 빛으로 세상을 행복하게 만들어야 한다. 끝없이 변하고 새로워지면 제국이 지속될 것이요, 안주하기 시작하고 변하지 않으면 멸망할 거라고 예언했던 칭기즈 칸의 경고를 기억해야 한다.

스톱은 없다. 끝없이 흐르는 시간의 길에서 답은 업그레이드, 끝없는 업그레이드뿐이다. 빛을 먹고 빛나는 해피불이 되어 빛나는 쪽으로 계속 가다 보면 유유상종의 법칙에 따라 더 빛나는 것들과 합류하게 된다. 그리고 빛나는 생각, 빛나는 말, 빛나는 몸이 되어 빛나는 행을 거듭하면서 유유상종, 같은 것과 같은 것이 모여서 점점 더 밝은 곳으로 자연스럽게 함께 가게 된다.

거짓말로 잠깐 동안 모든 사람을 속이고 이익을 볼 수도 있다. 또한 일부 사람을 오랜 기간 속이고 자신의 손해를 줄일 수도 있을 것이다. 하지만 1만 2천 근짜리 여의봉을 휘두르며 근두운을 타고 날아다니던 손오공이 부처님 손바닥을 벗어나지 못했던 것처럼 아무리 재주를 부려도 인과를 벗어나지는 못한다. 인과로 인해 다른 사람에게 행했던 나쁜 행동들은 언젠가 몇 천 배 아픈 비수가 되어 자기 몸에 꽂히게 될 것이다. 하늘의 그

물인 천라지망은 눈에 보이지 않지만 그 누구도 빠져나갈 수 없다.

용은 여의주를 물어야만 신통력을 발휘한다. 물은 99도에서 1도만 모자라도 결코 끓지 않는다. 슈퍼컴퓨터도 부팅하지 않으면 고철덩어리와 다르지 않다. 이와 마찬가지로 불성을 가지고 있어도 사용하는 방법을 모르면 무용지물이다. 우주만큼 신비롭다고 해서 '소우주'로 불리는 인간도 내면의 힘을 사용하는 이치를 모르면 말하는 영장류에 불과한 것이다.


이 책은 우주의 에너지, 우주에 충만한 빛에 코드를 꽂아 숨겨진 인간의 잠재력을 일깨워 운명을 바꾸는 비밀에 관한 내용을 담고 있다.

어렵게 도를 통했어도 설명은 간단해야 한다. 어려운 것은 답이 아니다. 상대성 이론을 증명하기 위해서는 노트 한 권, 아니 수십, 수백 권이 필요할 수도 있지만, 공식은 짧은 한 줄이 아니던가. 링컨의 게티스버그 연설문이 장광설이었다면 사람들은 그를 이렇듯 강렬하게 기억하고 있지 않을 것이다.

나는 어렵게 길을 발견하고 답을 찾았다. 하지만 그 방법은 일상생활에서 누구나 실천할 수 있는 아주 쉽고 단순하다는 것을 알았다. 지금 내가 하는 생각·말·행동이 밝은 쪽인가, 어두운 쪽인가를 판단해 밝은 쪽만 취하면 된다. 이런 식으로 작은 일부터 밝고 뜨겁게 처리하는 훈련을 하면 생각·감정·행동이 점점 긍정적이고 건설적인 방향으로 습관화되기 시작한다. 그리고 비슷한 사람들이 주위에 모이면서 아주 빠르게 소원이 현실화된다.


　　**우주가** 더욱 더 빛나길 원하고 있다. 사람을 통해, 돈을 통해 빛나는 세상을 추구한다. 이런 흐름에, 빛의 길에, 황금궤도에 올라타는 것이 중요하다. 대한민국은 그동안 우리 부모세대의 피나는 노력으로 세계인이 놀라워할 정도로 성장해 왔다. 그분들을 빛나게 해 드려야 한다. 그리고 우리 모두 빛나야 한다.

　빛의 흐름, 시대의 흐름을 타라는 것이 바로 지금 이 시대의 가장 중요한 메시지이다. 시대의 흐름은 같은 에너지를 불러다 쓰는 법이다. 유유상종, 같은 에너지가 모일 때 온 세상이 빛난다.

　빛으로 모든 것을 해결해야 한다. 우주가 원할 때, 이때가 우리가 빛날 수 있는 기회이다. 지금 이 순간을 절대 놓치지 마라. 이 순간 빛나라, 만다라의 중심, 해피게이트가 열린다.

　내가 빛나기 때문에 밝은 에너지가 몰려오고, 빛나는 일들이 일어나는 것이다. 부자한테 돈이 모이는 것은 이미 돈으로 가득한 에너지 때문이다. 유유상종, 돈이 돈을 불러온다. 돈은 밝은 곳을 좋아한다. 행복과 불행은 이미 내 안에 있다. 어느 쪽에 불을 켜는가에 따라서 끌려오는 것이 달라질 뿐이다. 자신을 빛으로 채우면 빛나는 것들이 끌려온다.


　　**빛은** 밝고 뜨겁다. 뜨거운 빛은 어두운 마음의 티끌과 얼룩과 업장을 태워버린다. 빛의 밝은 에너지는 주파수가 맞는 우주의 에너지를 찾아 함께 움직인다. 내가 밝으면 주변의 모든 것이 밝아지고 어두운 문제들을 해결할 밝은 해결책들이 끌려온다.

어떤 고난 속에서도 빛을 자각하면 지나온 시간과 오늘과 살아야 할 모든 날들이 행복해진다. 『시크릿』에서는 이 진리를 '끌어당김의 법칙'이라는 용어로 설명했고, 성공학의 대가인 나폴레온 힐 역시 마음속에 어두운 생각이 뿌리내리지 못하도록 밝고 빛나는 생각만 할 것을 강조했다.

이러한 빛의 진리를 시각적으로 표현한 것이 해피만다라이다. 빛의 씨앗인 '옴'이 중심에 들어 있는 해피만다라는 곧 빛으로 들어가는 문이자 빛이 나오는 중심이다. 그리고 빛은 무엇이든 다 열리는 마스터 키, 황금 열쇠이다.

21세기는 빛의 시대, 이젠 적극적으로 빛을 사용해 원을 이뤄야 한다. 인생의 모든 숙제가 빛으로 풀린다는 것을 꼭 기억하라.

해피만다라 성지에서<br>大樂光 동휘 합장

우주가 원할 때,
이때가 우리가 빛날 수 있는 기회이다.
내가 빛나기 때문에 밝은 에너지가 몰려오고,
빛나는 일들이
일어나는 것이다.
지금 이 순간을 절대 놓치지 마라.
이 순간 빛나라,
만다라의 중심,
해피게이트가 열린다.

# 차 례

# 2장
## 운명을 바꾸는 빛

# 나에게 빛이 생겼다

## 빛나는 경전을 만났다

늦은 밤 미국에서 전화가 걸려왔다. 여동생 젬마였다.

"마미가 많이 아파."

동생의 한마디에 가슴이 철렁 내려앉았는데, 어머니의 다정한 목소리가 수화기를 통해 전해졌다.

"잘 살고 있나?"

"그러엄~"

"그래, 잘 살아~♡"

"알았어요. 엄마, 건강해야 돼."


우리 가족은 가톨릭 성당에 다녔었다. 가족 모두 나의 출가로 처음엔 너무나 고통스러워했다. 하지만 이제는 오히려 부처님을 알게 되어 고마워한다. 특히 가장 강력하게 반대했던 큰 남동생 양호가 정말 달라졌다. 왜 누나가 스님이 되었는지 알게 되었다며 진심으로 고마워한다. 동생은 뉴욕에서 내로라하는 대기업의 중역으로 근무하고 있는데, 한국에 업무차 얼마 동안 다녀간 적이 있다. 그때 시간을 쪼개 조계사 불교대학에 다니며 계를 받고 불사에도 적극 동참하였다.

또한 밤낮을 가리지 않고 전화해서 해피만다라 디자인 일에 대해 의논하면 곧바로 멋지게 작업해서 보내주는 뉴욕의 멋쟁이 아티스트 막내 동생 시몬 부부도 얼마나 고마운지 모른다. 비록 멀리 떨어져 있지만 빛나는 세상 해피뉴코리아, 해피뉴월드를 위해 미국에 미리 들어가 있는 듯, 우리 가족은 24시간 나의 손발이 되어주는 빛의 패밀리가 되었다.

셋째 동생 경옥이는 불교학을 공부하여 내게 필요한 법문 자료를 척척, 부처님 만다라 삼국지를 만들어내는 장자방이 되었다. 우리는 모두 마음의 빛을 사용하면서 오히려 승속을 넘어서 빛나는 세상을 위한 일이라면 못할 게 없는 부처님 가족이 되었다.

올해 팔순이 넘으신 어머니, 어머니 덕분에 피를 나눈 우리 형제자매의 인연이 더욱 돈독해졌다. 출가하면 길이 달라 자연히 속가 형제와는 만날 일이 드물어지는데, 오히려 나를 통해 가족 모두 바르게 부처님 깨달음의 빛으로 화합하고 행복해지길 매일 기도하시는 어머니, 건강이 안 좋으셔서 살아계실 때 찾아뵈어야지 하면서도 이 일 저 일에 치여 차일피일 미루던 참이었다.

어머니를 생각하는 순간 눈물이 나왔다. 불현듯 그동안 많은 사람들을 위해 기도해 주면서도 정작 속가 어머니를 위한 기도는 한 번도 제대로 해 본 적이 없음을 느꼈기 때문이다. 내가 수행자로 잘 살아가는 것이 속가의 인연 모두를 위한 기도려니 생각했는데, 어머니의 목소리를 들으니 속절없이 눈물이 흘렀다. 지난 시간 못 다한 딸 노릇을 참회하는 눈물인가? 나중에는 소리를 내어 엉엉 울었다.

그때였다. 눈물에 젖어 흐릿한 눈에 탁자 위의 금광명경(金光明經)이 반짝 빛나는 모습이 보였다. 소매로 눈물을 훔치고 경전을 손에 쥐었다.

"그래, 어머니를 위해 금광명경을 독송해 드려야겠다."

새벽 예불을 마치고 금광명경을 읽기 시작했다. 중간 중간에 다른 기도와 일이 있어서 낮 세 시쯤에야 금광명경 한 권을 다 읽었다.

금광명경을 내게 전해준 분은 몇 년 전에 내가 쓴 책 『빛을 먹다』를 읽고 찾아오셔서 인연이 된 지혜장 보살님이다. 그분은 빛의 보살이다. 빛을 보시고, 반짝거리는 빛의 사리를 손으로 잡는 분이다. 이 지혜장 보살님이 여래사에 관세음보살님을 조성해 주셨는데, 어느 날 금광명경을 가져오셨다.

"스님, 이 경전으로 한번 기도해 보세요. 왠지 이 빛의 도량과 인연이 있을 것 같아서 스님께 드리려고 가져 왔어요."

그동안 금강경 독송은 많이 하였는데, 금광명경은 그날 처음 보았다. 법화경(法華經), 인왕경(仁王經)과 함께 호국 3부경(部經)이라는 정도만 알고 있었는데 읽어 보니 이름 그대로 빛나는 경(經)임을 체험하게 되었다.

법당에서 경을 다 읽고 보궁에 올라가기 위해 문을 열고 나서는 순간이었다. 온 도량 천지가 다 빛으로 방광하는 게 아닌가. 하늘도, 나무도, 땅도, 건물도, 신발도, 돌멩이도, 옆의 주전자도, 차도, 유리도 반짝반짝 빛나고 있었다. 벅차고 신기하고 감사한 광경이었다. 부처님께 "감사합니다. 감사합니다. 감사합니다."라고 소리 내어 감사 인사를 올렸다.

온 세상이 빛나는 장관을 보면서 생각했다. 도대체 금광명경이 무슨 인연으로 내게 와서 어떤 메시지를 주려는 것인지 생각에 생각을 거듭했다. 머릿속은 복잡했지만 발걸음은 가벼웠다. 빛나는 땅의 풀을 밟으며 순식간에 보궁으로 올라왔다. 태양은 쳐다볼 수 없을 만큼 뱅뱅 돌 정도로 눈부셨고, 보궁 안으로 들어오는 빛은 빨강, 파랑의 동그란 원을 이루며 뱅글뱅글거렸고, 보궁 안의 모든 부처님들과 만다라들이 다 살아서 움직이는 듯했다. 이곳이 바로 도솔천인가 싶을 정도로 환희로웠다. 그날부터 이 무슨 일인가 싶어서 금광명경을 더욱 열심히 독송하기 시작했다.

이제는 빛의 시대이자 황금의 시대이다. 부처님께서 금빛 광명의 빛 자체로 깨달음을 설하시고자 빛의 메시지를 빛으로써 알려주신 것이리라. 지금까지의 불법을 더 빛나게 하는 불법, 빛의 경전인 금광명경

— 빛나는 치유

으로 이 세상 모두를 새롭고 행복하게 하기 위해 세상에 나투신 것이라는 생각이 들었다.

5년 전 이 도량에 와서 연못에서 옴 자를 보았다. 그때부터 보이지 않는 빛의 세계, 옴의 세계를 의식하고 정진하게 되었다. 그 동안 정진을 잘해왔나 보다. 빛을 따라가다가 부처님을 만난다고 하였는데, "빛을 따라가다가 부처님을 만난디"는 글귀가 금광명경에 담겨 있었다. 그것을 보고 얼마나 눈이 크게 떠졌는지 모른다.

더구나 금광명경은 오방불(五方佛)의 중앙에 모셔진 비로자나 부처님 대광명을 중심으로 불보살님과 사천왕, 왕들과 귀신들에 이르기까지 육도중생 모두가 함께 빛으로 축복받는 밀교 경전이다. 그간 만다라로 수행하며 부처님의 빛으로 안과 밖을 새롭게 업그레이드시키면서 세상을 만들고자 노력해 온 것에 대한 부처님의 빛나는 선물이라는 생각이 들었다.

비로자나 부처님을 보좌하는 태극의 빛을 가진 대한민국, 이곳에 만다라 성전을 세울 수 있는 모든 인연을 보내주시기 위함인가? 그 모든 것이 운집할 수 있는 가장 밝은 빛의 경전을 보내주신 것이다. 가장 밝은 중심에 모든 것이 모이는 법, 빛나고 싶은 돈, 빛나고 싶은 사람들, 빛나고 싶은 일들이 이 만다라 성지에 다 모여서 금광명경을 통해 새로운 시대, 새로운 스타로 빛나리라.

사실 전날 밤에 꿈을 꿨는데 내가 탁자 위 부처님 옆에 앉아 있었고 샤

르릉 금빛 안개가 자욱하였다. 부처님 몸의 황금빛이 더 반짝거렸고 그 옆에 앉은 나도 반짝반짝 빛나고 있었다.

모닝플라워 모닝벨이 울리면서 꿈에서 깨어났다. 새벽 3시 예불시간이었다. 다기 물을 올리고, 향을 꽂고, 가사 장삼을 수하고 새벽종을 치기 위해 쇠망치를 들었다. 마루를 탁탁 두드리고 첫 종을 치는데 어디선가 비파 소리가 들리는 것 같았다. 문을 열고 나가서 두리번거리다가 다시 들어와 종을 치려고 하는데 다시 또 비파 소리가 들렸다. 또 밖에 나가서 한 바퀴 빙 둘러봐도 깊은 산속 꼭두새벽에 사람도 없는데 신기한 일이었다. 천상의 비파 소리가 들린다더니 빛의 소리였다.

어제는 도량에 빛이 방광하고, 오늘은 도량에 천상의 비파 소리가 울리다니, 꿈도 예사롭지 않았다. 깨달음으로 가는 길에 보이지 않는 것이 보이고 들리지 않는 것이 들린다 하였다. 무조건 무슨 일이든 감사할 뿐이었다.


금광명경(金光明經), 빛이 빛나는 경. 아! 이 시대에 모든 사람들을 빠르게, 행복하게, 깨닫게, 빛나게 할 수 있는 경전을 찾은 것이다. 지금까지 모든 일에 노력을 기울여 사람과 돈과 인연을 닦아온 만큼 이제부턴 빛나는 시대에 어울리는 금광명경을 펴야 할 시절임을 알려주셨다. 지금까지 신심 있는 모든 불자님들은 금강경, 법화경 등을 읽고 사경하고 공부하였다. 이제는 빛의 길, 끝없는 업그레이드를 통해 빛나는 길을 따라 모든 것을 빛나게 하는 경인 금광명경을 수지·독송·사경하며 빛나는 수행을 해야 하는 시절인연이 도래한 것이다.

물론 부처님 경전을 읽고 그대로 행하면 원하는 그대로 과(果)를 얻게 되지만, 우리 모두는 빠른 성취를 바란다. 나는 빛의 경인 금광명경이야말로 빠르고 새롭게 모두를 상생시키고 시대의 흐름에 멋지게 부합하고 시대를 이끌어갈 수 있게 축복을 주는 최고의 경이라고 생각한다.

나는 곧바로 동국대학교 역경원에 의뢰하여 금광명경 자료를 받아 한글판으로 출판하였다. 또한 경전을 펴내고 그것으로 세상을 새롭게 이롭게 하고자 독송기도를 정진할 금광명 오백 제자 수기식 대법회를 하기로 하였다.

부산에 사는 보살님들이 적극 동참하였다. 무진의, 박춘희, 배경선, 우성희, 성불화, 장옥자, 양봉혜 보살님들이 부산에서 매주 올라와서 금광명경 불사와 기도를 시작했다. 지극정성으로 이루어진 용맹 정진이었다. 새로운 빛의 길이 열렸다. 모두를 눈 뜨게 하고 싶었던 나에게 부처님의 빛이 생긴 것이다. 우연히 들리신 어떤 선방스님께서는 화엄경에 나오는 글귀를 써놓고 가셨다.


我有一卷經　不因紙墨成　展開無一字　常放大光明
아유일권경　불인지묵성　전개무일자　상방대광명


나에게 경전이 하나 있는데 종이와 먹으로 만들어진 것이 아니네.
펴보면 글자 하나 없지만 항상 빛으로 가득하더라.

누구신지 말도 없이 써 놓고 가신 글씨가 너무 멋있어서 보궁 유리벽에 붙여 놨다. 나에게 부처님의 빛이 생긴 것이다. 다이아몬드를 뜻하는 금강석보다 더 빛나는 경이라는 뜻을 가진 금광명경이 우리 절에서 의지하며 주력하고 정진하는 소의경전(所依經典)이 되었다. 금광명경, 빛이 빛나는 경전과의 만남이 주는 메시지는 '더 빛나라'라는 것을 확신시켜 주는 시절 인연인 것이다.

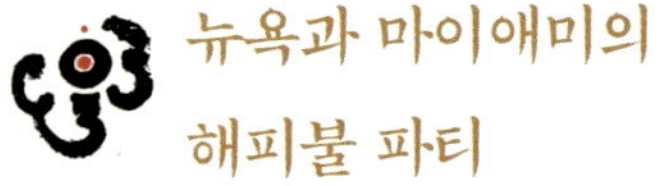 뉴욕과 마이애미의
해피불 파티

해피만다라 성지에서 처음으로 금광명경을 함께 독송하며 도량에 빛의 음성 공양을 올렸다. 그리고 우리는 인사동 해피만다라 문화원에서 빛나는 대한민국을 위하여 금광명경을 독송하기 시작하였다. 금광명경은 이 시대 우리 모두를 위하고 나라를 위하는 호국경전이기에 청와대에 계신 대통령께도 선물로 보냈다. 읽으시고 우주 법계의 모든 축복을 받으시길 기원했다.

새로운 세상 해피뉴코리아, 해피뉴월드. 뉴욕으로 가자. 새로운 곳에 모든 빛이 모이는 법이다. NEW YORK은 '새로운 요크'라는 뜻이다. 도시 이름 자체에 새롭다는 의미가 들어 있기 때문에 빛의 속도로 발전하였고, 세계 제일의 도시이자 세계의 중심이 될 수 있었던 것이다.

예전에도 뉴욕에서 빛을 뿌리는 행사를 한 적이 있었는데, 이번엔 금광명경을 독송하며 빛나는해피불 옴 자를 뿌려보기로 했다. 먼저 뉴욕의 시몬과 젬마에게 전화를 했다.

"파티를 하자, 빛나는 파티. 마음의 빛을 꺼내 멋지게 그려줄 테니 사람들에게 모이라고 해 보렴."

빛나는해피불 파티가 시작되었다. 인천공항으로 나갔다. 따님이 뉴욕에서 공부하고 있다는 보살님이 나오셔서 맛있는 식사와 차와 여비를 공양해 주셨다. 따님이 방과 후 시간이 날 때마다 뉴욕 센트럴파크 옆에 있는 조계사에서 수행도 하고 봉사도 하고 있는데, 스님이 가시면 정말 반가워할 거라고 했다. 나는 뉴욕에 가서 그 따님을 만나 미국에서 선풍적인 인기를 끄는 생식요리 로푸드 전문점에서 식사를 한 후 뉴욕 조계사 주지스님께 전화를 드리고 찾아뵈었다.

조계사 주지스님이 반갑게 맞아주셨다. 동휘 스님을 통해 미국에 새로운 불교의 모습을 보여줄 수 있고, 옴 만다라로 미국에도 한국 불교에서 불고 있는 빛의 바람이 불 것 같다며 기쁜 일이라고 좋아하셨다.

티베트 불교는 시각적으로 화려한 면이 있어 미국에서도 많은 관심을 받고 있다. 하지만 한국 불교는 참선을 중시하므로 화려한 것을 좋아하는 대중의 관심을 끌어내기 위해선 새로운 빛이 필요한 때이다. 뉴욕 조계사 주지스님은 이런 부분을 잘 알고 계셨기 때문에 내가 뉴욕에 온 것을 크게 반겨 주셨다.

뉴욕의 겨울밤. 유난히도 춥고 눈이 많이 오는 밤이었다. 그럼에도 불구하고 많은 미국 사람들이 모였다. 하루 종일 미국 사람들이 신기한 듯 오고가고 아침부터 인사를 하며 찾는 분들이 많았다. 호기심과 신기함을 가득 품은 사람들, 그들은 내 만다라와 빛나는해피불 옴 그림을 보면서 즐거워했다. 나는 옴 자를 그리며 상대 마음속의 빛을 꺼내 보여주었다.

사람들은 예상보다 더 행복해 했다. 어떤 분들은 눈물까지 흘렸다. 어떤 영국 아가씨는 옴 자가 너무 날씬하다며 지금 날씬해지고 싶어 하는 자기의 마음이 그대로 드러났다고 얘기해서 모두들 정신없이 웃었다. 어떤 변호사는 옴이 달러로 보인다며 자기가 "현재 추진하고 있는 일이 큰돈이 될 것 같다."고 신바람이 나서 말했다.

그러던 중 젬마가 나를 다른 방으로 데려가더니 "조금 있다 한 가족이 올 텐데 큰 위로가 필요하다."고 귀띔하였다. 열아홉 살 된 따님이 얼마 전 자살해서 슬퍼하고 있는 가족인데, 스님이 오신다고 하니 꼭 만나 뵙고 싶다 해서 특별히 초대했단다.

이유도 모를 자살이었다. 가족들이 사진과 동영상을 가져왔다. 남자친구와 같이 찍은 사진을 보니 그 어떤 스타보다도 더 멋있고 매력적인 아가씨였다. 부유한 미국 가정에서 태어나 학벌도 좋고, 남자 친구도 있고, 친

_뉴욕의 해피불 파티

구들 사이에도 인기 만점이었다는 말이 실감날 정도로 아름다웠다. 그런데 이 아가씨의 자살이 더욱 충격적인 것은 죽기 바로 전에 찍은 동영상 때문이었다. "아이 러브 유."라고 외치며 가족들과 친구들에게 인사하고, 네온사인 불빛 가득한 한밤중에 뉴욕 빌딩 숲 옥상에서 뛰어내린 모습이 담겨 있었다.

스스로 카메라를 맞춰 놓고 그 마지막 가는 모습을 남긴 아가씨의 자살, 어느 누구도 말로써 그 가족의 슬픔을 위로할 수 없었다. 나는 아가씨의 엄마와 동생의 손을 잡고 잠깐 기도를 하고 나서 붓을 잡았다. 그리고 마음의 빛을 꺼내 붓 가는 대로 옴 그림을 그렸다. 눈에 눈물이 가득한 유족들은 그 옴 그림을 참으로 좋아하였다. 딸이 남기고 간 선물이라며 옴을 통해 모두를 딸처럼 생각하고 세상을 사랑할 거라고 했다. 그분들의 모습이 이미 깨달은 분들 같아서 내가 더 감사했다.

한편 명상 센터를 하고 있는 어느 인도 여자 분은 이 옴 자로 명상 센터의 분위기를 새롭게 할 거라고 하면서 깊은 곳에서 우러나온 고마운 마음을 전했다. 진심이 통했다. 나 역시 그저 감사할 뿐이었다.

동생 젬마가 그랜드 피아노 앞에 앉았다. 오랜만에 만난 언니가 출가 수행자가 되어 사람들의 삶의 고민을 해결해 주고, 행복하게 해 주는 걸 보고 젬마는 정말 좋아했다. 그 마음이 피아노 선율에서 느껴졌다.

'언니스님, 정말정말 사랑해. 언니스님이 사람들을 행복하게 해 주고 위로가 되어 주는 것을 보고 가슴이 벅차고 생각이 많아졌어. 이제 미국에서 언니스님의 옴 그림이 미국 사람들을 위로하고 깨닫게 하는 빛의 그림이 되도록 세상에 알리고 싶어. 그렇게 되도록 도울 거야.'

온 정성 다해 음악을 선물해 준 젬마의 마음을 느끼면서 나 역시 마음 깊이 감사했다.

이곳 미국 뉴욕에서 세상을 위한 더 큰 빛의 문이 열리길 바라며 금광명경을 독송했다. 여러 나라 사람, 게다가 여러 종교를 가진 사람들이었지만, 깨달음의 빛 옴 자와 금광명경으로 모두 행복해 하며 지금 있는 자기 자리에서 더 새롭게 빛날 것이다. 빛나는해피불, 해피뉴욕 건배 건배. 해피뉴이어.

다음날 마이애미로 가는 비행기를 탔다. 젬마는 강아지를 비행기에 태우느라고 절차를 밟으며 얼마나 정성을 쏟던지 그 모습이 참 고왔다.

젬마의 친구 빌의 별장이 마이애미에 있었다. 큰 부자라서 별장도 큰 호텔 같았다. 집안에는 온통 세계의 유명한 화가들의 그림과 조각품들이 가득했다. 전 세계에서 이름난 작품들을 수집하는 빌의 별장다웠다. 그곳에도 젬마가 그에게 선물한 나의 옴 그림이 빛나고 있었다. 그 어느 작품

— 빛을 먹다, 마이애미에서

보다 빛을 발하며 걸려 있는 모습이 무척 반가웠다.

마이애미의 남쪽 해변에 갔다. 세계 최고 스타들이 자주 찾는다는 유명한 카페에서 식사도 하고 커피도 마셨다. 속가 어머니를 모시고 쇼핑도 하며 오랜만에 행복한 시간을 가졌다. 다음날 다시 해변으로 나갔다. 빌과 젬마는 그 곳으로 회사 사람들과 지인들을 초대하였다. 해변에 있던 사람들까지 합류하였다. 나중에는 해변의 새들까지 모여 해변을 가득 메웠다. 해변에서 금광명경을 독송하였다. 그것만으로도 장관이었다. 빛의 향연이었다.

모두 함께 다시 빌의 별장으로 돌아왔다. 몇몇 사람들은 파티 준비로 바빴다. 뉴욕에서처럼 파티를 열어 부처님과 빛과 옴을 이야기하고 그리는 깨달음의 파티를 하게 된 것이다. 그냥 단순히 맛있는 음식과 와인을 마시며 즐기는 파티가 아니었다. 비록 유창한 영어 실력은 아니지만, 짧은 시간, 짧은 한 마디의 말로 재미있게 빛의 이야기를 하고 그림을 그려주는 파티, 함께한 모든 사람들이 의미 깊은 눈빛을 주고받으며 즐거워하고 행복해 했다.

"아, 부처님 진리가 빛이군요."
모두의 마음에 빛이 생겼다.

한국에 돌아와 인사동 해피만다라 문화원에서 금광명경을 독송했다.

강남 쪽에서도 꼭 금광명경 독송기도를 해야 한다는 생각이 들었다. 때마침 어느 날 대덕 보살님이 조수정 회장님과 인연을 맺어 주셨다.

조 회장님을 만나기 위해 강남 무역센터 건너편에 있는 동우리 빌딩을 찾아가는 날, 건물 이름 자체도 빛의 우리지만 그 건물을 보는 순산 질 같았다. 무슨 인연인가, 건물 옥상엔 정말 아름다운 정자가 지어 있었고, 원불교도였던 조 회장님의 사무실에는 원 그림이 있는데, 그 자체가 바로 만다라였다. 사방이 빌딩으로 가득한데, 묘하게도 그 빌딩 사이로 아주 정확히 도봉산 인수봉이 보였다. 그 자리에 앉는 순간 '아, 이 곳이구나, 금광명경을 설하는 자리로 이끌어주셨구나.' 하고 깨닫게 되었다.

나는 그 자리에서 작은 금광명경 법회를 열었다. 세상을 축복하고 나라의 안녕을 기원하며 조 회장님과 회장님 가족과 인연 있는 모든 분들을 위해 축원을 해 드렸다. 이제 금광명경을 수지 독송하며 미국의 뉴욕, 세상 사람들이 다 모이는 도시인 뉴욕을 상징적으로 돌아 대한민국이 빛의 중심임을 알리는 금광명경을 펴는 새로운 시간이 열린 것이다. 모든 인연들에게 감사드린다.

# 빛나는 이름을 불러라

## 최고의 빛을 실어 이름을 빛나게 부르자

이름에 빛이 들어 있어야 좋다. 무엇보다 이름이 빛나야 한다. 동네 이름도 회사 이름도 마찬가지이다. 모든 이름은 빛나야 그 이름의 주인이 빛나게 된다.

서울에서 가장 비싼 땅도 '밝은 동네'라는 뜻의 '명동(明洞)'이고, 춘천에서도 명동의 땅값이 가장 비싸다. 홍천에서 제일 잘 나가는 곳도 대명 비발디이다. 삼성(三星)도 별이고, 효성(曉星)도 별이고, 오리온도 별이고, 롯데도 별이고, 엘지도 금성(金星) 별이다.

처음부터 별인 것이 중요하다. 처음부터 빛나는 이름을 가지는 게 좋다. 그리고 그 빛나는 이름을 빛나게 부르자. 은행원이라면 처음부터 은행장님으로 부르자. 부르는 대로 현실이 된다.

우리 신도 가운데 아들이 공부에 관심 없는 게 걱정 또 걱정인 분이 계셨다. 하루 종일 온통 그 걱정뿐인 것 같았다. 나는 그렇게 걱정만 하지 말고 '하버드 킴'으로 부르라고 조언해 주었다. 그런데 내 말을 듣고 마음을 바꾸고 그렇게 부르고 생각하기 시작하면서 180도로 달라졌다. 마침내 그분의 아들은 중국의 북경대학을 졸업하고 대기업에 입사하여 승승장구하고 있다.

회사에서 부장으로 승진해서 좋아하는 분이 계셨다. 나는 그를 '박 상무님'이라 부르기 시작했다. 그는 실제로 우리나라 최고 기획사 상무가 되어 반짝거리는 회사 차를 타고 부모님을 모시고 나에게 인사하러 왔다. 빛나는 이름을 빛나게 부르고 빛나는 곳에 거는 것이 중요하다. 나는 그 가족들과 함께 빛나는 이름과 빛나고 싶은 이름을 초하루 촛불에 적었다. 그것이 해피게이트, 황금 문을 열고 하늘 문을 여는 황금 문패, 황금 열쇠가 되어 운명을 업그레이드시켜 나가는 것이다.


나에겐 고모 세 분이 계셨는데, 제일 큰 고모님은 성당에 다니시다가 불교와 인연이 되어 큰 절을 하나 지으시고 돌아가셨다. 그리고 다음 세대에 내가 스님이 되었다. 그리고 다음 세대는 또 '누가 출가하려나.' 하는 생각으로 가족들과 형제들이 관심도 갖고 한편으론 걱정을 했나 보다. 절에 데리고 온 어린 조카들이 목탁 같은 불구를 만지면 얼른 안고 나가는 것이었다. 그 중 제일 큰 아이가 초등학교 때 일이다.

"학교 가기 싫은데 나는 여기서 어린이 천수경 법회나 할까?" 하면서 어른처럼 목탁을 크게 또르르르 딱 치는 것이었다. 어려서부터 하는 행동이 달리 보였는지, 우리 은사스님께서 그런 희래를 보고 "저게 중이다, 중." 하시곤 했다. 아이는 커가면서 절대 머리는 안 깎겠다고 미리 사람들에게 소리쳤다.

스님들은 희래를 보실 때마다 한결같이 앞으로 교주가 될 아이라고 말씀하시곤 했다. 희래의 원래 이름은 지혜였다. 학교에 가면 지혜라는 이름이 일곱 명이나 된다고 다른 이름을 지어달라고 했는데, 어느 날 이름이 나타났다. 나는 햇살 희(曦), 올 래(來) 자로 '햇살이 온다'라는 뜻의 이름을 지어주었다. 희래는 곧 여래(如來)이다. 우리 모두 희래로서 세상을 따뜻하고 밝게 만드는 부처인 것이다.

우리 집에서는 어릴 때부터 희래를 행복의 여왕, 세계 재벌, 해피 스타, 회장님으로 불렀다. 아이는 커가면서 점점 부처님처럼 상상을 초월하는 초긍정 마인드로, 이름처럼 빛이 되어 나타난다. 희래, 빛으로 오는 자, 그 이름대로 세상을 빛나게 축복하며 살 것이다.

나는 인연이 있는 모든 분들에게 최고의 빛을 실어 이름을 빛나게 불러준다. 새벽 예불 때 불보살님께 소리 내어 "빛나는 이름 그대로 황금 문 열고 세상에 나타나 지이다." 하고 축원한다.

뉴욕에 사는 '우나'는 미국 이름이지만 우리나라 뜻으로 하면 '우는 것

_거울아 거울아, 빛나라

같아~ 그래서 징징 짜는 게 많아'라는 뜻이다. 이런 이름은 꼭 바꾸어야 한다. 미의 여신으로 대스타가 되어 헐리웃의 별이 될 아이인데 이름이 '우나'라니 어서 빨리 바꾸어야 한다.

동규는 의류계의 비즈니스 스타가 될 것이고, 민지는 의사가 되어 치유의 빛이 될 것이다. 난 인연이 된 모두를 한 생각으로 축원하여 이름을 빛나게 부른다. 준석이는 좋은 짝을 만날 것이고, 원이는 원하는 그대로 다 이룰 것이며, 건이는 이 세상에서 받을 모든 업장 다 건지고 다음 생에는 새롭게 자신을 세울 것이다.

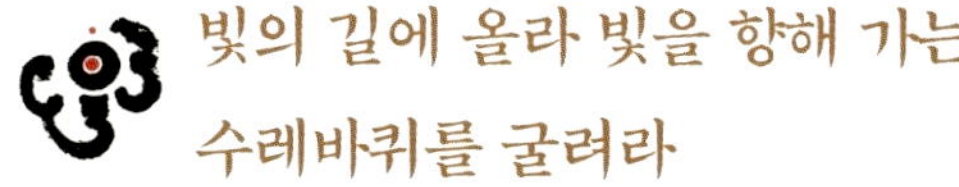<br>
## 빛의 길에 올라 빛을 향해 가는 수레바퀴를 굴려라

씨앗 자체도 빛의 씨앗이 빛이 된다. 빛을 먹으면 빛나게 되고 빛을 쏘게 되며 세상을 빛나게 하는 스타, 진짜 스타가 된다.

뉴스를 보면 전 세계가 총을 쏘고 미사일을 쏘고 우주선을 쏘고 핵을 쏘며 난리법석을 연출하고 있다. 사람들은 밥 한 끼 살 때도 "내가 쏠게."라고 한다. 이렇듯 우리는 의식하든 못하든 빛으로 가득한 세상에서 마음으로 쏘고 말로 쏘고 총으로 쏘고 활로 쏘고 돈으로 쏘고 그 빛을 맞고 쏘면서 살고 있다.

눈총이 따갑다 한다. 어떤 빛을 쏠 것인가? 모두가 의식의 빛을 쏘고 있다. 알든 모르든 자기 안의 의식하고 있는 빛이 밖을 향해 쏘고 있는 것이다. 그것의 밝기나 색깔·소리에 따라 인연되는 문이 열리는 것이다.

못 볼 뿐이지 모든 것에는 빛이 들어 있다. 누구는 강한가 하면 누구는 약하고, 먼지에 쌓여 안 보이고, 가려져 있고, 배터리가 약하고, 스위치가 꺼져 있고, 업장에 묶여 있다. 닦은 수준만큼 빛나기 때문이다.

강아지는 강아지의 빛, 풀은 풀의 빛, 수행자는 수행자의 빛, 왕은 왕의 빛, 선생님은 선생님의 빛, 인간은 인간의 빛, 도둑은 도둑의 빛이 있다. 심지어 귀신도 기도하는 인연의 빛을 통해 더 밝은 곳으로 해탈하기를 기다린다. 말을 할 때도 "너 오늘 얼굴이 밝다." 하기도 하고, "재, 왜 이렇게 깜깜하니?"라고도 하지 않던가.

자기가 닦은 빛의 코드만큼, 색깔대로 그 형상이 생긴다. 뱀의 빛은 뱀으로, 천사의 빛은 천사로, 재벌의 빛은 재벌로, 어두움은 병든 세상을 열고, 밝은 빛은 스타가 되게 한다. 그 모든 빛이 어떤 빛이든 지금 이 순간 깨달음의 빛나는 길에 오르게 하는 것, 방향을 빛나는 쪽으로 설정하는 것, 그것이 바로 해피만다라의 꿈이다. 빛의 길에 올라 빛을 향해서 가는 수레를 타는 것이다.

지금 상태에서 벗어나는 것은 빛의 길에 적극 오르는 것이다. 더 밝은 곳으로, 더 빛나는 만큼 빛나는 세상과 합류할 수 있기 때문이다.

_왕관 쓴 옴

# 처음부터 되는 땅에 빛의 씨앗을 심으라

만다라의 기본 원을 '칼라차크라'라고 한다. 칼라차크라는 윤회의 수레 바퀴, 빛의 수레바퀴, 시간의 수레바퀴이다. 이 수레바퀴를 따라 우리는 지금 인간의 빛으로 인간 세상에 와서 인간 몸 받아 살고 있는 것이다.

하지만 같은 사람이어도 하는 생각이 더 업그레이드되고 빛을 먹고 밝아지고 밝은 행을 하면 사람 안에서도 더 고귀한 사람이 되고, 천신이 되고, 부처님이 되는 법이다. 반대로 어두운 쪽으로 생각과 행동의 방향을 돌리면 어두운 빛이 되어 축생으로 태어나 강아지도 되고, 아귀도 되고, 귀신도 된다.

바른 노력을 하자. 그 노력은 밝은 쪽으로 법륜을 돌리는 것이다. 처음부터 생각의 방향을 바꿔야 한다. 판부터 바꿔야 한다. 깨달음의 빛으로, 더 밝은 빛으로 바꿔야 한다. 전생·금생·내생까지 점점 더 밝고 멋있게 하는 부처의 빛으로 운명을 바꾸자.

"개조명운 심상사성(改造命運 心想事成)"이라는 말이 있다. 운명을 바꾸어 마음먹은 대로 이룰 수 있다는 뜻이다. 무언가 소원을 이루고 싶다면 마음에서 이미 이루어져야 한다. 언제, 어디서, 누가 물어보아도 즉시 답을 할 수 있어야 하고, 생각뿐만 아니라 생각의 바탕이 빛나는 빛의 판으로 이루어져 있어야 한다. 그래야 운명을 바꾸어 마음먹은 일을 이룰 수 있다.

처음부터 빛나는 빛의 판에서 노력하자. 여시상(如是相), 상부터 국토부터 달라야 한다. 껌껌하고 냉랭한 얼음 땅이나 뜨거운 화탕지옥 같은 사막 땅이 아니라 우리나라나 미국처럼 온도·습도가 적당하고, 아름답고 모든 지복이 갖추어진 땅, 그런 빛나는 땅에 처음부터 종자가 빛나는 씨앗, 해피불 옴이 살아 있는 빛의 종자를 심어야 한다. 많은 사람들이 잠도 자지 않고 노력하면서도 뜻대로 결실을 맺지 못하는 것은 껌껌하고 냉한 얼음 판에 씨를 심기 때문이다. 처음부터 되는 땅에 되는 씨앗을 심어야 한다. 그래야 빛나는 결과가 돌아온다.

스스로 빛을 작동시켜 결과가 무조건 빛나는 농사, 처음부터 빛의 농사를 지어야 한다. 처음부터 아기 호랑이로 태어나야 왕 호랑이가 되는 법이다. 처음부터 100% 성공이다. 빛의 판에선 이래도 저래도 빛날 일뿐이다. 빛의 판에서 살자.

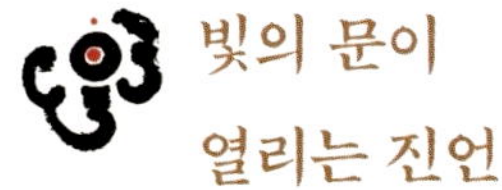# 빛의 문이
## 열리는 진언

빛의 문이 열리는 진언이 있다. 지금 이 순간 어둠을 지우는 것, 바로 빛의 문이 열리는 진언. 열려라, 황금의 문.

옴리제미제기사은제지바르타리스바하.

_비로자나 불꽃

44

운명을 바꾸는 빛의 주문을 하자. 옴의 빛을 보고 옴의 소리를 내며 신나는 세상을 만들어 보자. 우리 모두는 빛나는 생각, 빛나는 말, 빛나는 행으로 세상을 행복하게 만드는 빛나는 수행자 해피불이다. 열려라 참깨, 세상아 열려라. 빛의 문 열려라. 열려라 하늘 금고. 운명을 바꾸는 빛의 마스터의 비밀진언이다. 컴퓨터에, 집에, 금고에, 통장에 비밀번호가 있듯이 이 세상 모든 빛나는 것을 여는 비밀소리이다.

기도 중에 받은 하늘의 소리이다. 하늘의 소리와 함께 하늘의 빛나는 문이 확 열렸다.

매일 금광명경을 독송하던 중 어느 날 하도명 거사님이 전화를 통해 "스님, 한 번 하면 금광명경 81번 한 공덕을 가진 진언이랍니다."라고 말하면서 진언을 전해 주었다.

빛의 판에 오르게 되면 이래도 저래도 빛나게 되는 법이고, 다 밝혀지게 되는 법이다. 빛나니까 다 알게 된다. 몰라도 알게 되고, 몰라도 행하게 된다. 몰라도 빛나게 되고, 몰라도 스타가 된다. 마음이 원하는 대로 다 열린다는 것을 알게 된다. 빛을 따라가다 받은 하늘의 빛나는 소리, 선물이라 생각하며 염송해 온 것이 비로자나 부처님의 대광명 빛의 진언인 것을 알게 되었다.

이렇듯 진리의 세계는 빛을 의식하고 빛나는 말을 하며 빛을 향해 가다 보면 어느 날 뭐든지 오케이! 대우주를 가져다 쓰는 그 한 물건으로 만들어져 버린다. 말하는 그대로 다 이루어진다.

# 내 몸이 빛나는 스위치

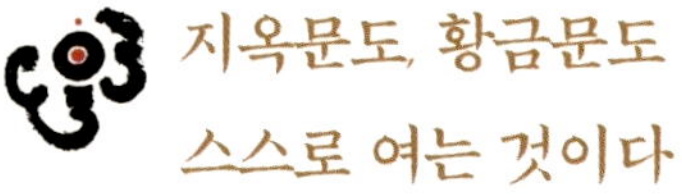 **지옥문도, 황금문도
스스로 여는 것이다**

어느 빛을 쓸 것인가? 내 안에 '부티'가 있다. 내 안에 그 빛이 없으면 밖의 돈이 들어왔다가도 안에서 반기는 친구 빛이 없기 때문에 심심해서 도로 나가 버린다. 스타가 안에서부터 빛을 발할 때 바깥의 같은 빛이 놀러온다. 세상을 향해 빛나는 스타 탄생. 내 안에 순희가 있을 때 친구 영희가 오게 되고, 친구 영희를 통해 순희가 세상 밖 구경을 한다. 내 안의 빛의 문 열려라~.

우주의 빛이 사람을 통해 밖으로 나갈 때 세상을 밝힌다. 왜냐하면 몸 안에 육도가 다 있기 때문이다. 육도란 지옥·아귀·축생·인간·아수라·천상을 뜻하는데 대우주를 축소한 소우주가 바로 인간이기 때문에 대우주에는 신들도 있고, 아수라도 살고 있고, 인간도 살고 있고, 축생 강아

_개조명운, 심상사성

지도 살고 있고, 아귀들도 있고, 귀신도 있다. 그래서 그것을 다 축소한 우리 몸에 이미 신도 있고, 인간도 있고, 귀신도 있고, 아귀도 있고, 축생도 다 있다. 내 몸 안에 있다.

이것이 정말 중요하다. 이것만 알면 된다. 내 몸 안에 다 있다. 그렇기 때문에 인간을 만물의 영장이라 한다. 내 몸 안에 하늘과 땅·우주를 다 가지고 있다. 그래서 살생을 하면 안 된다. 내 바깥 것을 죽이면 내 안의 중생도 죽는다. 왜냐하면 같은 기운끼리 통하기 때문이다.

내 안에 우주가 다 있기 때문에 이 세상에는 비밀이 없다. 내가 알기 때문이다. 내가 대우주의 축소판인 소우주이기 때문에 같은 기운끼리 바로 알게 되고, 내가 아는 것은 바로 대우주 코드에 같이 입력되어 버리는 것이다. 우주는 자동이어서 우주의 살아 있는 빛이 자동으로 살아 있는 인간을 통해 문을 열어 살아 있는 중생들과 통한다.

대우주의 축소판 소우주인 인간 안에 모든 것이 있기 때문에 그 하나를 통해 유유상종, 그와 같은 경계를 다 구제하고 통하게 된다. 인간이 바로 대우주를 움직이는 빛의 스위치이다. 지옥문도, 빛의 문도 스스로 여는 것이다. 내가 알기 때문에 바로 우주 코드에 입력된다. 그래서 비밀이 없다.

## 남을 죽이면 내가 죽고 남을 살리면 내가 사는 이치

　나와 우주가 같기 때문에 바깥 것을 죽이면 내가 죽는다. 달리 말하면, 바깥 것을 살리면 내가 산다. 같은 빛끼리 통하기 때문이다. 세상을 행복하게 하고, 기부를 하고, 선행을 하고, 아름답게 하면 바로 내가 행복해지고, 부자가 되고, 건강해지고, 다음 생이 더욱 멋져지는 게 우주의 이치다. 바깥에 절을 지으면 내 안에 절이 생기고, 스스로 영험 있는 부처가 된다. 그래서 불사를 하고 기도를 하는 것이다.

　단순한 것 같지만 이것이 우주를 창조하고 새로운 운명을 만드는 빛나는 이야기이다. 우리가 인간으로 살면서 꼭 알아야 하는 제일 중요한 일인 것이다. 안과 밖이 같기 때문에, 내가 바로 대우주이기 때문에 내가 청정해지면 우주법계가 청정해진다. 해피뉴월드 세상을 구하는 이치는 이렇게 쉽다.

　영화에서도 작은 여자나 미소년이 영웅으로 자주 등장한다. 또한 한 사람이 우주를 구원하는 영화를 많이 봐 왔을 것이다. 우리는 모두 여실한 우주와 복사판이기 때문에 스스로를 빛나게 만들면 대우주가 빛나는 것이다. 많은 사람들이 그 이치를 잘 모르면서도 그 길을 가는 수행자들에게 공양을 올린다. 왜냐하면 자기 일이기 때문에, 자기 것이 되기 때문에 그렇게 하는 것이다.

부처님께서 이 세상에 오신 것도 그와 같은 이치에서다. 살아 있는 생명의 빛이 업그레이드될 때 유유상종, 살아 있는 생명들이 모두 함께 업그레이드되기 때문이다. 자신을 빛으로 업그레이드시킬 때 중생을 다 건지겠다는 서원을 이룰 수 있다. 대우주 법계는 빛으로 만들어져 있어 사람을 살리기 위해서는 사람과 똑같은 살아 있는 빛이 필요하다. 그래서 우주는 살아 있는 사람의 빛으로 부처를 가져다 쓴 것이다. 대우주의 불이 화신불로 나타나는 것, 이 부분이 하이라이트이다.

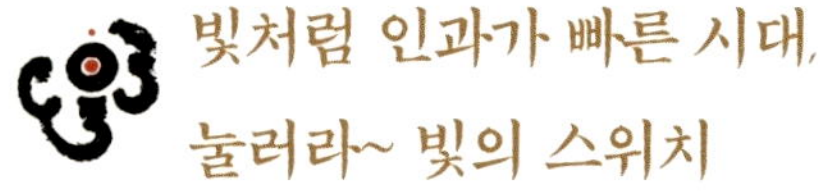

## 빛처럼 인과가 빠른 시대, 눌러라~ 빛의 스위치

내 안에 있는 어느 빛을 선택할 것인가? 하루에도 수백 번 번뇌·망상·탐욕·분노·증오 속에 살고 있지는 않은가? 내 안에 모든 것이 다 있기 때문에 화를 내고 분노하면 지옥문이 열리고 마귀가 몰려와 지옥세상이 펼쳐진다. 세상의 마귀들이 다 불붙는 것이다. 어두운 감정에 휩쓸리지 말고 빛나는 마음을 자꾸 드러내야 한다. 자기 안의 빛나는 빛을 가져다 쓸 때 대우주의 온갖 좋은 것들이 따라오기 때문이다.

내 몸 안의 스위치 어디를 누를 것인가? 빛나는 천신이나 부처님 스위치를 눌러야 한다. 그렇지 않고 분노와 어리석음과 탐욕의 지옥·아귀·

축생을 누르게 되면 귀신들을 다 불러일으켜 지옥문을 여는 것이다. 스위치는 작다. 하지만 그 작은 것이 그 문을 열어 버리는 것이다.

하루 24시간 중에서 어느 시간을 열 것인가? 새벽은 천신들의 시간이라 새벽기도를 하면 천상이 열려 더욱 성취가 잘 된다. 새벽예불기도는 만다라의 핵심이다. 불보살님들과 만나 하나 되는 시간, 이 시간에 법계의 문을 열어 써야 한다. 하루 시간도, 나의 생각도, 나의 몸도 이 때 열어서 쓰면 훨씬 더 큰 성취를 이룰 수 있다.

우리는 매 순간 내 안에 있는 무슨 빛을 사용할 것인가를 선택해야 한다. 귀신의 빛, 강아지의 빛, 아귀의 빛, 아수라의 빛, 인간의 빛, 천상의 빛 가운데 어느 빛을 사용할 것인가? 태양과 같은 밝은 빛, 모든 것을 살리는 상생의 행복한 빛, 천상의 빛, 자비로운 불보살의 빛을 사용하면 상서로운 내 몸 안의 하늘 문, 빛의 문, 보물창고가 열려 대우주 법계가 같이 열리고 황금 문이 열리고 마음이 원하는 그대로 다 이루어지는 것이다.

빛을 알면 멋지고 새로운 운명이 탄생한다. 성공, 사업 번창, 귀인 상봉, 고속 승진, 발전, 좋은 인연, 재운 발복, 사랑 성취, 결혼, 행복, 건강, 깨달음, 자유, 자재, 해탈, 성불. 그래서 모든 성직자들이 축원을 하고 기도를 하는 것이다. 빛나는 생각과 빛나는 소리가 진동으로 모든 것과 합류하면서 업그레이드되면 그 모습 그대로, 부르는 대로 세상이 반응하기 때문이다.

내 안의 중생이 나오는 것이므로 어느 경계를 사용하는지가 관건이다. 그것이 운명이 되고 대박이 된다. 내가 보는 대로 내 생각의 빛이 보는 대로 눈이 맞고 불붙어 빛나는해피불이 점점 더 커진다. 삼라만상은 다 빛과 소리와 진동으로 이어져 있고 마음은 빛으로 통하기 때문에 일체유심조, 모든 것은 마음이 만드는 것이다. 다시 말하면 마음이 비추는 것이다. 마음의 빛으로 '수리수리 마하수리 수수리 사바하', 빛을 쏘니 개구리가 빛나는 왕자가 되었다.

자기 안에 가지고 있는 육도의 빛, 그 어디를 열고 불을 붙일 것인가? 모두를 행복하게 하는 깨달음의 빛, 빛나는해피불에 불을 붙여야 한다. 자신 안에 있는 최고의 정점의 빛, 옴의 빛, 빛나는해피불 옴의 빛이 깨어나게 하는 것이 바로 지금 이 자리에서 우리가 해야 할 가장 중요한 소명이다. 그 불 해피불이 점점 커져 성공하게 되고, 스타가 되고, 왕이 되고, 천신이 되고, 부처가 되기 때문이다.

거듭 말하지만, 지옥 · 아귀 · 축생 · 인간 · 아수라 · 천신의 육도가 이미 내 몸 안에 있다. 삼천대천세계가 내 몸 안에 있는 것이다. 대우주의 모든 보물들도 내 몸 안에 그 정보가 다 들어 있다. 대우주를 축소하고 또 축소하면 소우주인 사람이 탄생한다. 대우주 법계의 모든 정보를 그대로 가지고 있는 사람, 그래서 사람이 별이다. 사람 자체가 소우주요, 하나의 나라이다. 그 소우주 안에 해와 달, 두 눈이 성성하다. 오대양 육대주는 오장 육부로 우리 몸 안에 축소되어 있다. 지구의 70%가 바다이고, 우리 몸의

_스스로 빛나는 별

70%가 물이다.

해와 달 365일이 일주일로 돌아간다. 일주일 가운데 일요일은 해, 월요일은 달, 화요일은 화성, 수요일은 수성, 목요일은 목성, 금요일은 금성, 토요일은 토성이다. 365일 내내 별의 기운 속에, 빛의 기운 속에 돌아가고 있다. 우리의 몸 안에 있는 365혈도 빛으로 돌아가고 있다. 그 안에 같은 에너지끼리 모여 육도의 모습으로 사는 것이다.

그 육도의 몸으로 '나'라는 하나의 나라를 운영하면서 어떤 세력을 키우는지 어떤 생각을 하는지가 중요하다. 신의 생각, 왕의 생각을 하느냐, 아니면 강아지 같은 생각, 귀신같은 생각을 하느냐가 중요한 것이다. 욕심으로 화내고 소리치고 살생하고, 사람을 탐하고 고기를 탐하고 돈을 탐하게 되면 내 안의 축생계가 열려 단명하게 되고 추해진다. 아귀다툼을 하면 오히려 돈은 달아나고 지옥귀신이 몰려와 더 힘들게 고통 속을 헤매게 된다. 지옥세계가 열리기도 하고, 한 생각 멋있게 부처님의 생각과 말을 하면 빛나는 세상이 열리기 시작한다.


하루 종일 내가 나의 어떤 경계를 열 것인가? 나의 생각을 끊임없이 빛나는 곳으로 반조해 나가야 한다. 같은 에너지끼리 빛으로 통해 있기 때문에 밖을 살리고 도우면 내가 살 길이 생기고, 내 안을 청정히 빛나게 밝게 하면 멋진 세상이 열린다. 힘들고 화가 나고 노여워도 한 생각 돌이켜

회광반조(廻光返照)해서 빛의 문을 열라. 그러면 어두운 밤에 별이 더 잘 보이듯 그 때 더욱 더 빛나고 성공하게 되는 것이다.

이제 21세기는 황금빛의 세계다. 빛처럼 속도가 점점 더 빠르게 통(通)하여 바로바로 즉시즉시 열린다. 인과가 빠르다. 한 생각 바르게 하면 바로 멋진 빛의 세상이 열리고 한 생각 껌껌하면 바로 지옥문이 열려 망하고 갇히고 일파만파 모든 일이 고통스럽다.

『레미제라블』의 주인공 장발장이 빵 한 조각 훔친 것으로 지옥문이 열려 평생 동안 고통 받은 것처럼 겨자씨만한 작은 것 안에 모든 정보가 다 있다. 건드리면 그 문이 열리고 한 생각 한 마디 잘못하면 평생 그리고 다음 생까지도 엉뚱한 곳에서 헤매게 되는 것이다.

이 인과의 빛은 하늘그물 같은 빛의 길을 따라 통해 있다. 지금 하는 나의 한 생각, 한 마디, 한 행동이 바로 우주에 입력되어 현실이 되어 나타나는 것이다. 그래서 어렵지 않다. 쉽다. 매사에 단순하게 빛을 좋아하고 착하게 재미있게 밝게 반응하면 우주는 바로 계산 없이 맛있게 멋있게 폼나게 해 준다.

# 빛으로 들어가는 문, 해피만다라



어느 문을 열 것인가? 황금문패를 어디에 걸 것인가? 빛으로 들어가는 문이 해피만다라이다. 대우주의 보물이 가득한 원을 만다라라 한다. 가까이 가서 별을 보면 원형이다. 바로 그처럼 둥근 것에서 빛이 난다. 우리 몸에서도 두 눈동자의 두 원에서 빛이 난다. 지구도 둥글고, 태양도 둥글고, 동물 눈도 둥글고, 물고기 눈도 둥글고, 모든 빛나는 물건은 다 둥글다.

깨달음을 상징적으로 표현할 때 원을 그리는 이유가 바로 이 때문이다. 깨달음의 빛을 원으로 표현한다. 시간의 수레바퀴인 칼라차크라 만다라도 둥근 원 안에 우주의 보물인 빛이 가득한 모습으로 그린다. 그것이 바로 우주의 눈동자, 부처님의 눈동자, 관음의 눈동자, 빛나는 눈동자, 마법의 눈동자이다.

대우주 모든 빛을 담은 깨달음의 원, 진리의 원이 '만다라'이다. 그래서 행복의 빛으로 가득한 만다라를 '해피만다라'라는 이름을 걸고 그 중심에 빛나는해피불 옴을 그리며 매일 기도하고 있다.

기도의 불꽃인 촛불에 황금문패 이름을 걸고 열려라 빛의 문, 열려라 하늘 금고, 우주법계를 향해 빛과 소리로 공양 올린다.

대자대비한 불보살님께 귀의합니다. 이 빛의 중심, 만다라 성지에 귀의하는 모든 제자들, 빛나는해피불, 초하루 촛불기도, 새로운 운명 봉명기도 동참제자들, 대광명 하늘이 축복하고 땅이 받들고 사람이 따르고 금전과 재물은 나날이 풍요로우며 자손은 발복, 사업은 번창하고 무병장수하면서 부처님 깨달음의 빛을 성취하여 세상을 행복하게 하는 해피불로 자유·자재·황금 해탈·성불, 마음이 원하는 그대로 다 이루어지이다.

## 빛의 문 열려라. 황금문패 촛불기도

촛불을 켤 때 그곳에 불보살과 합류되는 빛의 에너지가 켜진다. 초하룻날 촛불 켜는 기도가 불보살님과 통하는 나의 가장 소중한 기도다. 초하룻날 촛불에 이름을 올리면 그것이 바로 빛의 문을 여는 황금문패가 되는 것이다. 촛불을 점화시키면 대우주와 연결되는 빛의 스위치가 눌러진다.

부처님 깨달음의 빛은 세상의 병, 물질의 병, 육체의 병, 중생의 병, 업

_칼라챠크라만다라, 태극의눈—로터스

의 병을 모두 치유하여 새롭게 빛나게 한다. 그래서 음력 4월 8일 약사재일에 세상의 병을 빛으로 치유하기 위해 부처님이 탄생하셨다. 전생·금생·내생의 업이 아무리 크고 깊어도 부처님 깨달음의 빛의 축복으로 새로운 문이 열리는 것이다. 부처님은 우리에게 빛나는 수행자로 오셨다. 세상을 행복하게 하는 법이 바로 빛이라는 사실을 깨닫게 해 주시려고 오셨다.

21세기, 우리 모두는 빛의 시대에 살고 있다. 이제 빛을 적극적으로 사용해야 할 때다. 빛을 먹고, 빛을 쏘며, 빛나는해피불 인간 만다라가 되는 것이 바로 모든 문을 열고 모든 것을 성취하는 법임을 알려야 할 때다. 내가 이 책에서 시종일관 빛나는 수행에 관해 이야기하는 까닭이기도 하다.

전 세계 수십 억 인구가 하루 종일 먹고 치우고 잠자는 일로 대부분의 시간을 보낸다. 살찔 것을 걱정하고 건강을 염려하면서도 습관적으로 그냥 먹고 또 먹는다. 안 먹으면서 살빼기란 정말 힘든 일이다. 먹는 것은 누구나 좋아하기 때문이다. 그 또한 자연스러운 일이다. 우주는 업그레이드되고 있고, 계속 진행하고 있고, 계속 플러스 되는 쪽, 밝은 쪽을 향하고 있기 때문이다. 대우주의 법칙은 긍정적인 방향으로, 계속 움직이는 쪽으로 작동하기에 안 하려고 하거나 안 되는 것은 돕지 않는다. 하려고 할 때, 먹으려고 할 때 대우주는 거기에 가속을 붙여 준다.

우주의 성질이 그렇기 때문에 먹지 않는 금식 수행은 어렵다. 하지만 무언가를 먹는 수행은 쉽다. 마음으로 먹고, 눈으로 먹고, 귀로 먹고, 입으로 먹고, 온몸으로 먹고 또 먹는 수행을 해 보자.

 하지만 이젠 직접적으로 빛을 의식하고 빛을 먹자. 효과는 빠르게 나타난다. 바로 운명이 업그레이드됨을 알게 된다. 술을 먹으면 술이 되고, 쓰레기를 먹으면 쓰레기가 되고, 빛을 먹으면 빛이 된다.

긴 어둠 끝에 새벽별 금성의 밝은 빛을 먹은 부처님은 그 순간 빛의 문이 열려 큰 깨달음(大覺)을 얻으셨다. 대(大), 크다는 것은 바로 빛을 상징한다. 빛은 큰 것이다. 빛은 다 통하기 때문에 크기를 가늠할 수 없이 우주 전체에 닿는다. 전생·금생·내생은 물론이고 육도를 넘어 해탈에 이르기까지 크고 영원한 빛이다. 부처는 '빛을 가져오는 자'이다. 그래서 대부분의 불상은 황금빛이다.

우리는 의식하지 않아도 이미 늘 먹고 있다. 마음을 먹고, 나이를 먹고, 사랑을 먹고, 음식을 먹는다. 누구나 다 먹는데 어떤 의식을 갖느냐에 따라서 그 음식의 빛이 달라지고 에너지가 달라진다. 빛을 좋아하고 빛을 의식하고 빛나는 것을 생각하면서 먹으면 모두 빛이 되어 빛난다. 마음에 입력된 빛이 빛나는 현실이 되어 돌아온다. 마음이 빛으로 깨어 있으면서 하는 행동은 그대로 현실이 되어 나타나는 것이 자연의 법칙이다.

처벌이 겁나서 혹은 보상 때문에 착하게 살아야 한다면 우리는 정말 불쌍한 존재가 된다. 인과응보, 인과로 인해 착한 행동을 하는 수준을 넘어야 한다. 우리는 이 세상을 행복하게 만들려고 온 빛나는 별이다. 별답게 빛나는 행동을 한다고 적극적으로 생각하자. 계산하지 말고 멋있게 빛나자.

 **생각만 해도 부화되는 용처럼**
**생각하는 대로 이루어주는 여의주처럼**

나는 수행 중에 연못에서 '옴' 자가 용이 되는 모습을 보았다. 불교에서 용은 불법을 수호하는 팔부신장으로 불법이 쇠퇴할 때 용궁에서 불법을 보호하고 있다고 한다. 용은 빛을 먹고 빛을 보호하는 빛의 동물인 것이다.

용은 추분 무렵에 깊은 연못으로 들어가 살다가 봄이 되면 기세 좋게 하늘로 올라간다고 한다. 또한 용은 생각만 해도 알이 부화된다고 하는데, 이는 생각을 밝게 하면 그대로 현실로 나타나는 진리를 상징하는 것이다.

주파수에 맞는 빛이 텔레비전 화면에 선명한 모습으로 나타나듯 마음의 빛은 생각만 해도 알이 부화되는 용과 같다. 생각하는 대로 이루어주는 마법의 구슬인 여의주처럼 생각은 곧 현실이 되는 것이다. 상념즉현상(想念卽現象)이다. 생각이 바로 현실을 바꾸는 실체임을 인지해야 한다.

옴은 빛의 씨앗이다. 누구나 불성이 있는 것처럼 어느 것에나 해피불

(용)이 살아 있다. 옴을 많이 먹으면 용이 되고 왕이 되고 황제가 되고 부처가 된다. 빛나는해피불이 커지는 만큼 삶이 빛난다. 작은 게 커지면 '용 되었다' 한다. 우리 안의 해피불을 작동시켜 용이 되어 계속 여의주를 굴리면서 마음을 세상의 현실로 꽃피울 때 진정한 평화가 온다.

> 심산유곡(深山幽谷)에 무명초(無名草)요,
> 일착동풍(一着同風)에 개개화(皆開花)라.
> 깊고 깊은 산골짜기의 이름 없는 풀이
> 동쪽 바람, 빛의 바람, 빛나는 수행의 바람 불어
> 다 꽃피우길 기원한다.

부탄에 간 적이 있다. 부탄엔 거의 모든 곳에 용이 조각되어 있거나 그려져 있다. 집에도 옷에도 생활도구에도 곳곳마다 용이 있어서 하루 종일 용만 보고 있는 느낌이었다. '부처님 나라'라고 하는 부탄에서 사방을 용으로 장엄해 놓은 것을 보면서 처음엔 이해하기 힘들었다. 나중에 알고 보니, 불법이 바로 빛의 문을 여는 법이며, 우리 모두가 불법을 잘 쓰고 보호하는 용과 여의주가 되어야 한다는 메시지를 전하고 있었다.

만다라는 대우주의 빛의 눈동자, 깨달음의 눈동자이다. 대우주를 축소시킨 소우주가 인간이라면 대우주와 소우주를 연결시키는 것이 바로 눈동자다. 우리는 하루 종일 낮에는 햇빛 아래서 밤에는 달빛을 보며 살아간

— 빛의 문을 여는 황금 열쇠

다. 우리 몸의 두 눈이 바로 일월(日月)이다. 소우주인 인간의 모든 빛의 정보를 읽어내는 해와 달인 두 눈동자, 그 안에 모든 정보가 담긴다.

우리가 유학도 가고 여행도 가는 것이 바로 눈동자를 열어 더욱 빛나게 하기 위함이다. 보는 만큼 의식이 달라지기 때문이다. 빛을 보는 눈동자를 통해 세상이 열리고 마음도 열린다. 그 어떤 것에도 빛이 있기에 본다는 것은 같이 한다는 것이다. 그것이 일이든 돈이든 사람이든 꽃이든 물건이든 동물이든 좋은 사람이든 나쁜 사람이든 무엇이든 그 안에 빛이 있기에 우리가 보고 느끼는 것이다.

그래서 눈빛이 맞아야 하는 것이다. 찡하고 빛이 통하는데, 내가 어느 문을 열어 어느 빛을 쓰느냐에 따라 대우주의 보물이, 돈이, 사랑이 오기도 하고 지옥이, 마귀가, 고통이 오기도 하는 것이다.

내 안에 있는 밝은 여의주, 용의 빛, 빛나는해피불을 작동시키는 법을 알아야 한다. 많은 수행과 기도가 있지만 나는 '옴마니반메훔, 옴리제미제 기사은제지바르타리스바하' 진언을 외우고 빛나는해피불 만다라를 그리며 매일 빛을 의식하고 빛을 먹었다. 그러자 어느 날 하늘의 문, 황금 금고가 확 열렸다. 빛의 바다 해인삼매가 열려 버린 것이다.

빛의 길이 열렸다. 이제 우리 모두 빛과 소리가 만나는, 빛을 먹는 수행으로 빛의 문을 여는 황금열쇠, 마스터키가 되자. 이것이 바로 해피만다라의 원이다. 빛의 바람이 분다. 모두가 빛의 춤을 취야 할 때다.

# 계속 업그레이드가 답이다



대우주를 축소·축소·축소하면 소우주인 인간이 탄생한다. 대우주를 구성하는 기본요소인 지(地)·수(水)·화(火)·풍(風)·공(空)의 정보로 우리는 탄생했다. 지구별이 탄생한 다음 인간이 만들어져 진화해 오면서 지금까지 우주가 가진 정보를 우리의 마음과 몸 안에 다 가지고 있다. 다겁생래(多劫生來) 수없는 윤회 속에 우리 안에는 우주에 있는 별들의 정보가 이미 다 입력되어 있다. 우리는 그 안에서 진화해 오고 있는 것이다.

식물·동물·광물·생물·무생물 할 것 없이 내 마음 어딘가, 내 몸 어딘가, 내 영혼 어딘가에 다 있지 않은가. 그 안에 빛이 있기에 우리는 태어난 것이다. 우주를 축소한 소우주 인간이 마음의 눈을 뜨면 우리는 이미 빛나는 별이다. 그 별에서 나오는 빛이 어떤 빛이냐에 따라 운명이 결정된다. 지구가 중력을 가지고 있듯 우리 모두도 자기 안에 중심 빛인 해피불을 가지고 있다. 얼마나 빛나는가, 어떻게 빛나는가, 어떤 색깔의 빛인가, 어떤 정보가 많이 입력된 빛인가? 그것에 따라 유유상종 끼리끼리 분리된다.

**살아 있는 존재는 모두 다 행복하고 멋지게 살기를 원한다.** 하지만 그들의 삶은 각양각색이다. 어떤 정보를 어떻게 사용하는가에 따라 갖가지 삶이 펼쳐지기 때문이다. 달리 말하면 어떤 빛을 먹고 어떻게 사용하는가에 따라서 스타로 성공하기도 하고, 사랑하면서 빛나기도 하고, 멋있게 살 수도 있고, 건강하게 살아가기도 한다.

이제 우리가 진짜 해야 하는 공부는 빛을 먹고 빛나는 법을 깨닫는 것이다. 빛나는 만큼 그 수준의 사람을 만나고 행복의 길, 성취의 길이 열리기 때문이다.

어려울 때, 힘들 때, 고통스러울 때 더욱 더 "라훌라(장애물)여~ 그때 더 빛나라."라고 할 수 있어야 한다. 밤이 되면 불을 켜듯 어두울 때 그때 더 빛날 수 있다. 밤은 계속 오듯 싫어도 모든 것엔 고통이 있기 마련이다. 고통이 문제가 아니라 고통에 직면한 나의 반응이 중요하다. 어두울수록 빛을 필요로 하는 것은 곧 고통 속에서 더 큰 성공의 빛을 발견할 수 있음을 암시한다. 빛을 향해 밝은 쪽으로 빛의 스위치를 눌러라. 그러면 어느 상황에서도 빛나는 답이 나온다.

## 빛의 통로는 바로 나
## 빛을 부르면 빛이 된다

내가 그의 이름을 불러 주었을 때

그는 나에게로 와서 꽃이 되었다.

김춘수 시인의 작품 '꽃'에 나오는 글귀이다. 내가 꽃으로 대하면 그는 나에게 꽃이 된다. 이처럼 내가 빛을 부르면 그 빛은 나에게로 와서 빛이 된다. 그 사람이 어떤 사람이든 그 안에는 분명 빛이 있다. 가지고 있는 빛의 스위치를 누르면 그 세상이 열린다. 좋은 것이든 나쁜 것이든 상관이 없다. 왜냐하면 같은 기운을 끌어당기기 때문이다.

우리 한 사람 한 사람이 우주의 빛을 움직이는 스위치이자 우주의 보물 창고다. 불을 붙이는 대로 부르는 대로 나온다. 소우주인 나를 통해서 대우주의 같은 기운을 가져다 쓰기에 나를 통하지 않고는 나올 수 없다. 그래서 천상천하 유아독존이다. 하늘 아래 땅 아래 나 홀로 고귀한 이유는 빛이 나오는 그 한 자리이기 때문이다.

세상의 모든 것은 내가 만든다. 그러니 그 누구도 원망할 수 없다. 나를 통해 부모도, 배우자도, 자식도, 운명도, 돈도 내 복만큼, 내 색깔대로, 내가 빛나는 만큼 인연되어 온다.

자기 조상도 자기한테 와 있다. 같은 에너지를 갖고 있기에 조상은

100% 내 자손에게 오기 쉽다. 그래서 자손의 대를 이으려 하는 것이다. 모든 에너지는 같은 에너지끼리 모이기 때문이다. 세상에 출현한 수많은 종교들이 제사를 지내고 천도를 하는데, 자기 자신을 업그레이드하는 기도가 가장 좋다. 그 중에서도 직접적으로 빛을 먹는 대광명기도가 세일 빠른 천도(遷度: 죽은 사람의 명복을 빌기 위하여 법회·독경讀經·시식施食·불공佛供 등을 베풀어 죽은 영혼들로 하여금 극락정토에 태어나도록 기원함)다. 조상이 나한테 와 있기 때문이다.

우리의 수행이 바로 조상을 천도하고 우주를 맑히고 빛내는 일이다. 또한 깨끗한 음식을 먹고, 빛나는 행을 하고, 바른 생각을 하고, 바른 노력을 하는 것이 바로 팔정도이다. 팔정도를 바르게 실천할 때 빛이 난다. 빛의 통로가 바로 나라는 것을 확실히 인식해야 한다.

내 안에 있는 조상과 모든 중생들, 지옥 중생, 귀신들, 아귀들, 축생들, 그동안 나를 위해 죽었던 모든 고기들, 모든 음식물을 통해 나를 보좌했던 기운들, 내 안에 있는 신의 생각, 불보살님들, 내 안의 부처가 내 빛의 통로를 통해 더욱 업그레이드된다. 그것이 바로 조상 천도요, 내가 스타가 되고, 성공을 하고, 우리 가문을 빛나게 하는 길이요, 전 세계 전 중생을 건지는 길이다.

그래서 우리가 초등학교, 중학교, 고등학교, 대학교, 대학원에 다니며 공부를 하는 것이다. 이런 학교 공부에도 최선을 다해야 하지만, 제일 좋은 공부는 한 생각을 밝게 하고 빛나게 하는 공부, 즉 빛나는 수행을 하는 것이다. 그 어떤 공부보다 수행이 우선되어야 한다. 유마경의 말씀처럼 심청정 국토청정이다. 마음이 청정하면 국토가 청정해지는 것이다. 국토가 청정해지면 법계가 청정해진다. 나의 수행으로 세상 모두가 행복해지는 이치, 내가 모든 것을 살리는 이치가 바로 불법이다. 불법이 곧 자연의 이치이다.

**스스로 자신의 운명을 바꿔야 한다.** 어렵지도 않다. 바로 자체발광, 빛나는 법을 익히면 된다. 자기 안의 에너지를 자기 몸 안의 육도를 상품상생, 계속 업그레이드 하면 된다. 시간은 흐른다. '계속 변한다'가 답이라면 우리는 계속 빛나는 쪽으로 변해야 한다.

무엇을 먹을 것인가? 고기를 먹으면 내 안의 유유상종, 축생의 기운이 강해지고, 밝은 빛을 의식하고 빛을 먹으면 부처가 강해진다. 안과 밖이 같기에 내가 무엇을 먹느냐에 따라 그 세상이 열린다. 내 몸이 빛의 스위치인 것이다. 몸과 마음이 하나이기에 먹는 음식이 중요하다. 마음도 몸도 먹는 대로 된다. 빛을 먹고 빛을 쏠 때 우주에 충만한 신들과 부처님이 작동해서 신의 가피가 오고 부처님의 가피가 온다. 소원이 성취되고 운명이 바뀌는 것이다.

초과학의 시대다. 빛나는해피불에 뜨겁게 불을 붙이고 원하는 것들을 불러내라. 생각이 곧 빛나는 현실이 된다. 남녀 사이에 눈이 맞으면 결혼을 하듯이 안과 밖이 끌어당겨서 불이 붙을 때 소원 성취가 되는 것이다.

깨어 있어라. 선물을 주고 싶어도 잠을 자고 있으면 대문 밖에서 부르

— 빛을 먹고 빛나는 업그레이드

다가 그냥 돌아간다. 스스로 빛나고 있어야 한다. 특히 눈이 빛나야 하고 눈이 맞아야 한다. 그래서 빛나는해피불 옴을 봐야 한다. 진언 옴이 우주의 중심이자 만다라의 중심이요, 빛의 중심이자 빛의 문을 여는 빛나는 스위치이기 때문이다.

그 빛나는 옴의 눈동자에 눈을 맞추자. 빛나는해피불에 눈을 맞추자. 눈이 맞으면 사랑이 생기고, 집이 생기고, 아이가 생긴다. 빛을 불러내고 행복을 불러내자.


## 내 몸 안의 육도중생을 잘 다루면 운명이 바뀌고 세상이 바뀐다

옴마니반메훔, 행복을 부르는 대로 몸 안의 기운이 작동한다.

"영희야 놀자."

이렇게 친구를 부르는 것처럼 자기 안에 잠자는 영혼을 깨우기 위해서는 소리가 필요하다. 진언이 필요하다. 우리 몸의 빛의 문을 여는 소리도 옴마니반메훔, 우주 법계의 문을 여는 소리도 옴마니반메훔이다. 밝은 생각을 하면 신의 문이 열리고, 어두운 생각을 하면 지옥문이 열린다.

돈이 필요하면 돈을 생각하고 불러라. 내 몸 안에 있는 돈 부자가 튀어나온다. 내 안의 돈 부자, 내 안의 재벌이 깨어날 때 세상의 돈이 몰려온다. 세계적인 재벌이 되고 싶어 하는 에너지를 부르면 같은 기운끼리 오기 때문에 돈이 오는 것이다. 불을 붙이면 된다. 스위치를 누르면 된다.

살아 있는 나 자신이, 내 몸 자체가 빛나는 스위치이다. 내 안의 에너지인 불성이 잠자고 있으면 아무 소용이 없다. 내가 생생하게 살아 있을 때 모든 것이 이루어진다. 그것을 모르는 사람들이 많으니 부싯돌을 부딪쳐서 불을 켜는 것처럼 계속 빛나는 연습을 해야 한다.

그러다보면 불이 켜진다. 자기 자신도 모르게 켜지는 것이다. 말하는 대로 다 이루어진다는 것은 연습이 대가를 만든다는 것과 같은 이치다.

내 몸의 에너지를 잘 다루어야 한다. 내 몸 안의 육도중생을 잘 다루어야 한다. 몸과 마음을 차갑게 하면 냉한 육도중생 귀신이 나온다. 몸이 냉해지면 암에 걸리는 것은 물론이고 잦은 질병에 시달리게 된다. 그것도 다 내 몸의 조화다.

한편 몸과 마음을 따뜻하게 할수록 고급 천신이 나오고 운명이 달라진다. 말과 몸·생각을 따뜻하게 하는 것이 답이다. 내 안에 육도가 다 있기에 어떤 기운을 모아서 쓰는지가 매우 중요하다. 몸과 마음이 열린 만큼 우주의 빛이 들어온다. 자기 사이즈대로 세상이 열린다. 내 안에 입력하면 곧바로 우주 법계에 입력된다. 사람은 대우주를 축소한 소우주이기 때문에 내가 알면 즉시에 우주 법계가 알게 된다.

행하는 순간 이미 지옥과 극락이 결정된다. 지옥과 극락은 죽어서 가는 곳이 아니다. 바로 이 자리에 극락과 지옥이 다 있다. 그래서 우리 시대는 더욱 빛나는 수행을 해야 한다. 보는 대로, 부르는 대로, 말하는 대로 눈이 맞아 불붙어 빛나는해피불, 내가 하는 대로 내 안의 중생이 나오니 어느 경계를 사용하는가가 중요하다.

계속 밝은 쪽으로, 바른 쪽으로, 따뜻한 쪽으로 스위치를 누르면 운명의 대전환을 가져온다. 새로운 운명을 열고 성공하기 위해서는 날마다 새 여자, 날마다 새 남자로 계속 업그레이드해야 한다.

아무리 몸부림쳐도, 천 길 만 길 땅을 파고 내려가도 비밀이 없다. 자기 마음이 바로 우주와 연결되어 있기에 내가 알고 있는 것은 바로 대우주가 다 알기 때문이다. 마음은 빛으로 만들어져 있어 대우주와 빛으로 바로 통하므로 세상엔 절대 비밀이 없다. 그래서 남이 모르는 것 같아도 현실 속에서 인과로 다 나타난다.

나도 예전엔 염라대왕이 얼마나 바쁜데 어떻게 이렇게 많은 사람들의 일을 다 알아서 상을 주고 벌을 주는지 의심스러웠다. 하지만 우주법계가 빛의 그물임을 알면서 모든 의심을 풀 수 있었다. 자기가 하는 신구의(身口意), 몸으로 짓는 행동과 입으로 하는 말과 뜻으로 짓는 생각이 그냥 자동으로 같은 에너지들끼리 통하고 합해지고 입력되면서 부메랑처럼 자기한테 자동으로 계속 돌고 돌아오는 것이다.

우주의 기운과 현실은 모두 이런 원리를 따른다. 그래서 다 내가 나를 만나는 것이다. 예로부터 깨달음을 이야기할 때 거울이 나타난다. 거울을 통해 자기를 만나듯 이 세상은 좋은 일이든 나쁜 일이

지금 서러운 내 인생이, 억울한 일들이, 내 맘을 모르는 남편이, 불효하는 자식이, 돈을 떼먹은 그 사람이, 나를 배신한 애인이, 노력해도 안 되는 사업이, 우리 친구를 힘들게 한 그 사람이, 여러 가지 나쁘고 속상한 일들이 상대방 때문에 온 것 같지만 결국 그 상대도 내가 만들어낸 나의 에너지이다. 절대 내가 없이는 상대가 없는 것임을 알아야 한다.

다시 말해서 내가 빛날 때 빛나는 세상이 오는 것이다. 그때 더 바르고 따뜻한 쪽으로 마음을 바꾸어서 밝은 쪽으로 천신들의 기운을 여는 것이 바로 귀신을 제도하는 방법이다. 중생제도란 중생이 어둠에서 벗어나게 해주는 것이다. 다시 말해 나 스스로 인간이 되고 천신이 되고 부처님이 되는 것이 곧 귀신·아귀·축생·아수라를 제도하는 것이다. 내가 업그레이드되면 내 조상도 같이 업그레이드된다. 나와 조상은 에너지가 같기 때문이다.

거듭 강조하지만, 내 안에 모든 육도중생의 모습이 다 있기에 나를 업그레이드하는 것이 모두를 제도하고 세상을 구하는 것이다. 그러니 알고 보면 모두가 생불(生佛)이다. 사람이 부처다. 대우주법계 대광명불 비로자나 부처님의 화신불인 석가모니 부처님께서 사람의 모습으로 오신 것도 그러한 까닭이다. 부처님께서 살아 있는 사람으로 오셨기에 같은 사람을 더 잘 제도할 수 있는 것이다. 같은 기운끼리 통하는 이치를 생각하면 확실히 이해되리라.

사람 안의 부처를 가져다 쓸 때 부처님의 가피를 받는다. 사람한테 잘 해야 한다. 남편·이웃·자식·부인·부모에게 잘하고, 스님한테 공양을 잘하면 살아 있는 생생한 현실 가피가 곧바로 온다. 그래서 수행자에게 공양을 올리는 것이다. 그 마음의 기도가, 그 빛이 우주에 입력되어 우리의 운명을 바꾸고 세상을 바꾼다.

# 새로움이 빛이다

## 최신형, 날마다 새로워지기

같은 강물에 두 번 발을 담글 수 없듯이 같은 빛을 두 번 만날 수는 없다. 빛은 빠르다. 매 순간 새롭다. 빛을 닮고 싶다면 우리는 날마다 새로워져야 한다. 날마다 새 남자, 새 여자가 되어야 한다. 어제와 똑같은 '나'여서는 안 된다. 고인 물이 썩듯이 움직이지 않으면 부패한다. 새로워지는 것에 생명력이 있고, 부처님이 있다.

드라마 〈미스터 백〉을 보던 중 원래 이름이 '최고봉'이었던 주인공이 젊어지면서 자신을 '최신형'이라고 소개하는 장면이 나왔다. 작가를 만나고 싶을 만큼 반가운 순간이었다. 바로 그것이다. 날마다 빛을 닮는 방향으로 새로워져야 한다. 거기에 길이 있고 답이 있다.

가끔 사주를 봐달라는 요청을 받는다. 정법이 아닌 줄 알면서도 사람들의 간절한 눈빛을 차마 외면할 수 없어서 봐줄 때가 있다. 그러다 보면,

'앞날이 껌껌한 것이 어떻게 사나' 하는, 정말 더 이상 할 말이 없어질 때가 많다. 그때마다 '새로워지는 것이 답'이라고 말해 줘도 여전히 사람들은 사주에 매달린다. "너무 답답해요~"라고 하소연하면서 고민을 풀어달라며 부탁 받을 때마다 한 마디씩 해 준다.

지금 상황보다 좋아지면 된다. 이 사람들에게는 "괜찮다, 빨갛다, 파랗다, 좋다, 언제 안 좋다, 언제 돈이 된다."가 중요한 것이 아니다. 그것은 사주를 묻지 않아도 진행되고 있는 일이다. 지금 이 순간부터 모든 상황을 내가 결정하고 내가 만든다는 사실을 아는 것이 중요하다. 나를 중심에 정확히 세우고 운명을 새롭게 하는, 운명을 완전히 바꾸는 방법이 바로 부처님 법이다.

나는 사람들의 운세의 흐름을 살피고 밝고 희망찬 이야기를 해 준다. 또한 지금까지의 생각과 행동과 말을 그대로 되풀이하면 과거와 똑같은 일이 반복되니 새로워지라고 당부한다. 새로워진다는 것은 지금 발을 딛고 있는 자리에서 빛나는 쪽으로 발걸음을 옮기라는 뜻이다. 그런데 자기가 선 자리에서 움직이지 않고 몸만 옆으로 기울여 행운이 찾아오길 바라는 경우를 무수히 보았다.

"부(富)가 찾아올 때는 그 동안 어디에 숨었다가 이제 오나 할 정도로 빨리 오며 엄청나게 온다."

성공학의 대가 나폴레온 힐의 말이다. 이분의 말처럼 불법을 따른 결과는 천천히 오지 않는다. 준비된 사람, 조건을 충족시킨 사람들에게는 엄청나게 빨리 다가오는 경우가 많다.

사람들은 새로운 것에 끌린다. 남과 다른 모습으로 새롭게 변하면 긍정적인 결과가 따른다. 새로움에 부처님이 계속 나투신다. 왜냐하면 부처님은 대광명의 빛이자 대생명력이기 때문이다.

어제와 다른 나를 만나는 것, 눈에 보이지 않는 사소한 차이, 작은 변화가 쌓여서 눈부신 나를 만든다. 어제까지 했던 생각에 머물지 말고 이 순간에도 계속 업그레이드되어야 한다. 시간은 계속 흐른다. 변하는 것이 답이다. 어느 쪽으로? 빛나는 쪽으로 새로워져야 한다. 필 컬러웨이의 책 『돈 한 푼 없이 부자로 사는 법』에는 다음과 같은 말이 있다.

"쥐들의 경쟁에서 문제는 비록 당신이 승리자가 된다 하더라도 당신은 여전히 한 마리의 쥐일 뿐이라는 것이다."

여전히 한 마리의 쥐가 되고 싶지 않은가? 그렇다면 판을 바꿔야 한다. 총체적인 수준을 높여야 한다. 아인슈타인도 문제를 발생시킨 당시의 사고 수준으로는 그 문제를 해결할 수 없다고 갈파했다. 차원을 달리 하는 것이 중요하다.

더 높은 경지를 찾아서 새로워지는 사람은 자석처럼 주위의 온갖 좋은 것들을 끌어당긴다. 모두가 그 사람에게서 매력을 느끼기 때문이다. 원래 쇠붙이는 작은 못 하나도 들어 올리지 못한다. 하지만 자기장이 일어나 자성이 생기면 자기 무게의 10배가 넘는 물건까지 끌어당길 수 있다. 빛나는 방향으로 바뀌는 것은 바로 쇠붙이에 자성이 생기게 하는 것과 같은 역할을 한다.

**생각이 새로우면 성공은 필연적으로 따라온다. 남들이 산골의 광산에서 힘들게 철광석을 캐내 철이나 구리 등을 생산할 때 누군가는 버려진 휴대폰에서 손쉽게 더 많은 양의 자원을 추출한다.** 도시에 버려진 광산이 있다는 새로운 생각이 거대한 부가가치를 만든 것이다.

21세기 최고의 창조적 기업이라는 애플의 슬로건은 '다르게 생각하라'이다. 새로움이 애플의 경이적인 성장의 원동력이었던 것이다. 삼성의 이건희 회장은 30년 동안 삼성을 300배나 성장시켰다. 이런 엄청난 성과를 낸 핵심적인 비법은 바로 변화를 두려워하지 않는 태도였다. 아내와 자식 빼고는 다 바꾸라고 외치면서 새로운 삼성을 만들기 위해 노력했던 이건

희 회장의 판단은 옳았다. 현재 삼성이 국제적으로 가지는 위상이 그 증거이다.

"성공한 대기업은 경쟁사들보다 먼저 자신의 제품을 폐기 처분한다."

빌 게이츠의 말을 통해 기업들이 얼마나 변화에 민감한지 알 수 있다. 어제의 성과에 안주하는 순간 끝이다. 물론 변화를 시도해도 눈에 띄는 변화가 없을 수도 있다. 하지만 부처님의 세상에서는 노력이 축적되다가 변화가 시작되면 무서울 정도로 빨리 변한다. 그러니 몇 번 해 보고 안 된다고 포기하지 마라. 당신이 정확한 원인을 제공하면 결과는 반드시 나타난다.

커다란 수박 한 통을 다 먹는 방법은 의외로 간단하다. 한 번에 한 입씩 먹으면 된다. 천 리 길도 한 걸음씩 가면 되는 것과 같다. 그와 같이 매일매일 새로워지기를 멈추지 마라. 끊임없이 빛을 먹으며 한 번에 하나씩 바꾸면 된다. 오래 지나지 않아 완전히 다른 자신과 만나게 될 것이다.

**"인간은 반복적으로 행하는 것에 따라 판명되는 존재다. 따라서 탁월함은 단일 행동이 아니라 바로 습관에서 온다."**는 위대한 철학자 아리스토텔레스의 말처럼 습관을 다루어서 탁월해지고 싶지 않은가? 나날이 새로워지는 습관이 답이다.

누구나 의식하지 않아도, 그냥 있어도 변한다. 변하는 게 기정사실이다. 그렇다면 퇴보할 것인가? 빛을 향해 더 빛나게 더 빠르게 새로워질 것

_힐 옴, 내 안의 부자의 불꽃

인가? 이에 대한 우리의 인식 전환과 실천이 그 핵심이다. 우리 모두가 부처님을 닮은 빛의 존재라는 것, 이미 자신이 빛인 것을 아는 것이야말로 정말 중요한 일이다.

인생을 잘 사는 사람들은 모두 변화에 빠르게 적응한다. 허우적거리는 사람들은 대부분 바깥세상 탓을 하거나 세상을 향한 욕심과 집착으로 더 이상 움직이지 않는다. 그 자리에 있다는 것은 이미 흐르는 시간에선 퇴보요, 점점 더 어두워지고 있는 것이다. 빛의 영역, 진리의 세계, 부처님의 나라는 쉽고 새롭고 빠르다. 빛으로 만들어져 있기 때문이다.

## 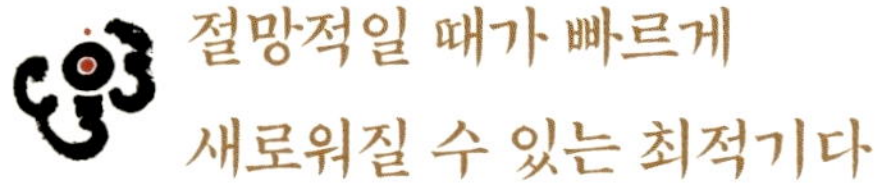 절망적일 때가 빠르게 새로워질 수 있는 최적기다

내가 더 멋지게 바뀔 수 있을 지를 의심하지 마라. 호박벌은 항공역학적으로는 날 수 없다. 몸집에 비해 날개가 너무 작고 가볍기 때문이다. 하지만 녀석들은 멋지게 날아다닌다. 자신이 날 수 있는 존재임을 의심하지 않기 때문이다. 의심하면 의심하는 상황이 찾아온다. 될 일도 안 된다. 『부자들의 좋은 생각 좋은 습관』이라는 책에 나오는 에피소드를 기억하기 바란다.

1929년 미국 오클라호마 시 기차역에서 MIT를 졸업한 오스카라는 청년이 기차를 기다리고 있었다. 그는 석유탐사에 필요한 신형 장비를 직접 만들 정도의 기술을 가졌지만, 일하던 회사가 파산하면서 실업자가 되어 고향으로 내려가는 길이었다. 청년은 자신의 능력과 미래의 가능성에 깊은 회의를 느끼고 있었다.

기차를 기다리면서 자신이 개발한 탐사 장비를 정리하던 오스카는 석유가 매장되어 있다는 신호가 측정되는 것을 발견했다. 하지만 그는 자신이 만든 장비의 성능을 의심하고는 그대로 짐을 챙겨 기차를 타고 떠나버렸다. 얼마 후 다른 사람이 그곳에서 엄청난 양의 석유를 발견해 거부가 되었다.

지금 놓인 상황이 힘들고 암울하다면 그때가 더 빠르게 더 새로워질 수 있는 최적기임을 기억하라. 사람은 가장 낮은 곳에 있을 때 변하고자 하는 가장 강력한 바람을 갖는다. 가장 많이 웅크린 자세의 개구리가 가장 멀리 도약하는 것과 같다. 어떤 상황인가보다 어떻게 반응하느냐에 답이 있다.

조앤 롤링은 실직한 이혼녀로 생활고에 시달리다가 자살 충동까지 느끼는 상황에서 『해리 포터』를 썼다. 베토벤은 비엔나의 허름한 아파트 월세를 낼 돈이 없을 만큼 가난하게 살던 중에 월세를 독촉하는 집주인 할머니의 노크 소리를 듣고 「운명 교향곡」을 작곡했다. 대문호 셰익스피어도 돈을 벌기 위해 온갖 직업을 전전하던 경험을 살려 글을 쓰기 시작했다.

『왜 부자들은 모두 신문배달을 했을까』라는 책을 보면, 성공한 사람들은 대부분 어렸을 때 신문배달을 한 경험이 있다고 한다. 큰 성공을 거둔 사람들은 힘든 시기를 겪은 경험을 가진 경우가 많다. 그들은 어둡고 긴 터널을 지나면서 변화의 필요성을 절감하고 변화의 속도를 높이는 습관을 들였던 것이다.

남과 다른 생각, 엉뚱한 행동, 별난 말이 당신을 빛나게 한다. 늘 보던 것과 다르기 때문에, 새롭기 때문에 주목을 끌고, 관심을 받는다.

이 세상에서 유일하게 변하지 않는 것은 변한다는 그 사실뿐이다. '낮과 밤은 계속 온다', 빛과 어둠은 이어진다. 이 틀에서 빛을 택할 것인가, 어둠을 택할 것인가 그것만 생각하면 된다. 처음부터 빛의 판에 스위치를 누르고, 재주를 부려도 부처님 손바닥 안에서 부려야 한다. 인생의 판 자체가 빛의 판이어야 한다. 빛의 판에서 놀아야 한다.

원칙을 지키면 세상의 풍파에 흔들리지 않고 자신을 지킬 수 있다. 그것이 만다라이다. 우주의 중심, 가장 밝은 빛의 중심, 빛으로 들어가는 문이자 빛이 나오는 출구, 그 중심자리에 계속 생각과 말과 몸을 가져다 놓는 것이 만다라 수행이다.

우리나라에서 가장 오랫동안 부를 지켰던 경주 최 부잣집이 좋은 예이다. 최 부잣집보다 더 많은 부를 축적한 부자들도 있었지만, 최 부잣집보다 오랫동안 부를 유지한 집안은 없었다. 흔히 "부자 3대를 못 간다."고 하는데 최씨 집안은 10대 300년 동안 부를 유지했다.

중심에서 벗어나지 않으며 원칙을 지키고 그 안에서 시대의 흐름에 잘 적응하는 것이 경주 최 부잣집의 10대를 존속한 부의 비결이었다. 워렌 버핏도 자기가 밝은 종목에만 투자하고 그것을 오래 보유한다는 간단한 원칙을 지키며 변화무쌍한 주식 시장에서 최후의 승자가 되었다.

대광명 빛의 중심에서 빛나며 어제와 다른 오늘의 나를 추구하라. 역사를 살펴보아도 지속적으로 발전하고 승리한 나라는 변화를 주도한 쪽이다. 풍족해서 변화가 필요 없는 양쯔 강이 아니라 날씨가 험해서 변해야만 살아남는 황하 지역에서 문명이 발생했다. 이웃을 막기 위해 만리장성을 쌓은 진나라는 20여 년 만에 망했지만 사방에 길을 낸 로마는 수백 년 동안 흥했다.

빠르게 능동적으로 변화하고 움직여라. 하지만 부처님 말씀을 따른다는 원칙은 바꾸지 마라. 그 자리가 빛의 중심이다.  ●

내가 더 멋지게 바뀔 수 있을 지를 의심하지 마라.
호박벌은 항공역학적으로는 날 수 없다.
몸집에 비해 날개가 너무 작고 가볍기 때문이다.
하지만 녀석들은 멋지게 날아다닌다.
자신이 날 수 있는 존재임을
의심하지 않기 때문이다.
의심하면 의심하는 상황이 찾아온다.

# 2장
## 바꿔라 빛의 판으로

# 먼저 빛나라

여래사에 찾아오는 신도들과 이야기를 나누다보면, 신도들이 나를 세상물정 모르는 사람으로 아는 경우를 종종 겪는다. 나는 굳이 긍정도 부정도 하지 않고 듣는 데만 집중하곤 한다.

불법은 끝없이 넓고 깊어서 세상사의 크고 작은 일을 모두 관장하고 있다. 나 역시 세상 돌아가는 일에 큰 관심을 가지고 있다. 내가 깨우친 부처님의 진리가 속세의 다양한 분야에 적용되는지 살펴보는 것은 무척 중요하고 의미 있는 일이기 때문이다.

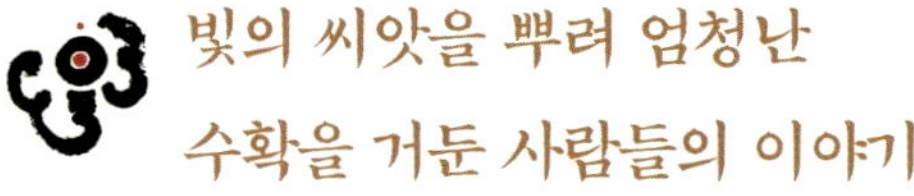

## 빛의 씨앗을 뿌려 엄청난 수확을 거둔 사람들의 이야기

동서고금의 바깥세상 돌아가는 사정을 듣기도 하고 읽기도 하다 보면 스스로 빛나는 자체발광으로 주변을 밝히고 자신의 운명을 개척하는 사람들의 이야기를 쉽게 찾을 수 있다. 앞에서 내가 강조했던 빛나는 생각·말·행동을 실천한 사람들이 빛의 씨앗을 뿌린 대가로 얼마나 엄청난 수확을 거둬들였는지 함께 살펴보기로 하자.

앙리 제르맹은 한국에서는 지명도가 높지 않지만 프랑스에서 가장 오래된 은행이자 세계적인 금융기업인 크레디 리요네를 창업한 사람이다. 그는 프랑스 리옹에서 태어나 견직물 사업을 통해 번 돈으로 은행을 설립했다.

당시 리옹은 프랑스 산업의 중심지였지만 영국에서 만든 저렴한 상품 때문에 큰 위기를 겪고 있었다. 리옹의 회사들은 자금 부족으로 도산 직전이었다. 이때 앙리 제르맹은 금융 수요가 폭발적으로 늘어나는 리옹에 은행을 세워 큰 성공을 거두었다.

하지만 그는 여기서 멈추지 않았다. 더 많은 사람들이 은행의 혜택을 누리게 하고 싶었던 것이다. 그는 세계 최초로 프랑스 전국에 지점을 설치했다. 파리와 마르세유를 시작으로 지점이 늘어나자 각 지점마다 보낼 돈이 부족해졌다.

결단이 필요한 순간이었다. 앙리 제르맹은 남에게 받기 전에 먼저 주기로 결정했다. 돈을 맡긴 고객에게 이자를 지급한다는 '빛나는 생각'을 처음으로 떠올리고는 즉각 행동으로 옮겼다. 사람들은 집안에 꽁꽁 숨겨두었던 돈을 크레디 리요네 은행으로 싸들고 왔다. 돈은 밝은 곳으로 나가서 빛나고 싶어 한다.

앙리 제르맹은 자신이 먼저 빛나기로 결심하고 반짝거리는 아이디어를 생각한 후 지체 없이 실천했다. 경쟁자들이 뒤늦게 쫓아왔지만 이미 앙리 제르맹이 금융업계의 전설이 된 뒤였다. 그는 금융 선진국 프랑스의 기초를 튼튼하게 만든 인물이다.


철강왕 앤드류 카네기는 세계적인 기부의 아이콘이다. 그의 일화를 모르는 사람이 없을 정도이다. "부를 무덤까지 가져가지 않는다."라는 그의 명언을 나도 참 좋아한다.

하지만 그가 한때 손가락질 받던 냉정한 기업가였다는 사실을 아는 사람은 별로 없다. 앤드류 카네기는 회사를 인수한 후 노동조합을 무자비하게 탄압하다가 '홈스테드 폭력 사건'을 일으키고 말았다. 경영진과 노동자가 대립하는 가운데 사람이 다치는 비극이 발생한 것이다.

앤드류 카네기는 큰 충격을 받고 운명을 바꿀 만한 깊은 고민을 거듭했다. 빛과 어둠이 이럴까 저럴까 한바탕 전쟁을 치른 후에 그는 빛나는 삶을 살기로 결심했다. 전 재산을 처분해 기부활동에 전념하기 시작한 것이다. 뉴욕에 위치한 유명 콘서트홀인 '카네기홀'을 비롯해서 수많은 도서관, 연구소, 미술관을 기증했다.

자본주의의 끝을 보여주는 미국이 망하지 않는 이유를 앤드류 카네기가 심어놓은 기부 정신에서 찾는 학자들이 많다. 빌 게이츠가 기부에 앞장서는 이유도 인생의 롤 모델이 앤드류 카네기이기 때문이다. 미국의 철강왕은 부처님 말씀대로 모두를 빛나게 하는 삶을 살면서 미국인의 마음속에 용광로처럼 뜨겁게 빛나는 초를 하나씩 켜 놓았다. 그의 말대로 부를 무덤까지 가저가지 않고 모두를 살리는 빛의 스위치를 눌러 영원히 죽지 않는 부자가 된 것이다.

빛은 빠르다. 빛의 말씀인 부처님의 진리도 그와 같다. 최고 높은 경지에 이르면 단순하고 빠르고 쉽다. 생각이 바로 현실이다. 이런 빛의 특징을 닮은 사람이 헨리 포드이다. 에디슨이 만든 회사의 최고 기술자였던 헨리 포드는 부자들의 사치품인 자동차를 서민들의 필수품으로 만드는 꿈을 꾸고 있었다.

하지만 당시에는 한 명의 기술자가 모든 부품을 조립해서 차 한 대를 만들었기 때문에 시간이 너무 오래 걸렸다. 게다가 한 사람이 너무 많은 부품을 다루기 때문에 기술을 익히기도 어려웠다.

헨리 포드는 우연히 푸주간에서 고기를 손수레에 싣고 기술자마다 한 가지 부위씩만 포장하는 모습을 보고 머릿속이 빛나는 것을 느꼈다.

'저거다. 저렇게 쉽고 간단하고 빠른 방법이 있었구나.'

_ 열려라 하늘금고

헨리 포드는 즉시 공장으로 돌아가 컨베이어 벨트를 설치하고 직원들이 한 가지 작업만 반복하도록 생산방식을 바꿨다. 그 결과는 독자 여러분들이 더 잘 알고 있을 것이다. 그가 만든 T형 모델은 당시 미국 땅을 달리던 자동차의 절반을 차지할 만큼 큰 인기를 누렸다. 그는 '세계의 자동차 왕'이 되었다.

일본에는 경영의 신으로 불리는 마쓰시타 고노스케가 있다. 그는 일본의 대표기업인 파나소닉을 세운 인물로서 독창적인 아이디어로 전기산업 발전에 공헌한 분이다. 특히 마쓰시타 고노스케는 직원들의 복지뿐만 아니라, 잠재 고객의 편의까지도 고려한 것으로 유명하다. 그는 경영인의 가치에 대하여 이렇게 말했다.

"경영이란 끊임없는 창의적 연구를 통해, 무에서 유를 창조하는 것이며, 사람의 공동생활을 더 나은 모습으로 바꾸는 종합예술이다. 경영자는 먼저 기본 방침을 정하고, 사람과 자본을 어떻게 조달할지, 어떤 공장을 지을지, 또 무엇을 어떻게 만들어 팔지를 백지상태에서 하나하나 그려가는 예술가이자 창조자이다."

일본인들은 마스시타 고노스케를 가장 위대한 경제인이라는 최고의 칭호로 존경했고, 많은 사람들이 그를 닮고 싶어 했다.

이 세상의 모든 경영자는, 아니 이 세상 모든 사람들은 '무에서 유를 만드는 예술가이자 창조자'라는 칭송을 받아야 한다. 이 말은 곧 빛과 같은 존재임을 삶속에서 증명해 낸 사람이라는 뜻이다. 우리는 우리 안에 깊이 내재한 빛을 끌어내고 우주에 충만한 빛을 끌어당겨 합일시켜야 한다. 빛을 끌어 쓰면 예술가, 창조자에서 나아가 도저히 불가능할 것 같은 일들을 현실화시킨 신과 같은 존재로 찬탄 받게 되는 것이다.

평소 빛나고 뜨거운 자연현상을 습관처럼 관찰하다가 위대한 업적을 남긴 사람들도 많다.

'증기기관의 아버지'라 불리는 제임스 와트는 주전자 뚜껑을 들어 올리는 수증기의 힘을 관찰하다가 산업혁명의 도화선이 된 증기기관을 만들어냈다. 뜨거운 열을 받은 물이 기체로 변하면서 엄청난 힘을 내는 원리를 기계장치에 적용한 것이다. 그는 자나 깨나 증기기관만을 생각하며 개량을 거듭한 끝에 증기기관의 선두주자였던 뉴커먼을 앞지르는 1인자가 되었다.

그리스 신화에는 하늘을 날기 위해 도전하는 다이달로스와 이카로스 이야기가 나온다. 레오나르도 다빈치도 새가 비행하는 모습을 보며 하늘을 날 방법을 찾으려고 애썼다.

하지만 실제 하늘을 날아오른 건 프랑스 시골에서 종이 공장을 운영하던 몽골피에 형제였다. 그들은 하늘로 솟아오르는 고무풍선을 보고 커다란 풍선에 공기보다 가벼운 수소를 넣고 날아오르는 실험을 거듭했다.

하지만 수소는 너무 위험했다. 연구를 계속하던 몽골피에 형제는 공기에 열을 가하면 상승하는 원리를 활용해 기구를 타고 공중으로 날아다녔다. 열기구가 탄생하는 순간이었다. 형제는 프랑스 국왕 루이 16세가 지켜보는 가운데 파리에서 시연을 할 정도로 유명인사가 되었다.

발명왕 토마스 에디슨이 만든 수천 가지 발명품 중에 가장 유명한 것 하나를 꼽으라면 전구일 것이다. 어두운 세상을 밝게 비춘 최고의 작품이기 때문이다.

토마스 에디슨은 어둠을 몰아내기 위해 만여 번의 실패를 거듭하면서도 전구 개발을 포기하지 않았다. 당시 사용되던 가스등이 폭발하는 등 위험했기 때문에 사람들에게 안전한 빛을 선물하기 위해 매일 밤 수백 가지의 재료를 테스트했다.

둥근 유리관 속에 담긴 태양은 그렇게 탄생했다. 초등학교를 3개월 다닌 것이 학력의 전부인 토마스 에디슨은 밤에도 뜨는 인공 태양을 인류에게 선물하고 지금도 역사 속에서 영생하고 있다.


빛은 그 자체로 막강한 힘을 가지고 있고 무한대의 효용이 있다. 빛이 행복이다. 수많은 사람들이 빛과 주파수가 통하는 삶을 살면서 행복을 얻었다. 그리고 그 행복은 과거의 어둠을 지우고, 미래를 밝힌다.

생각하고, 말하고, 행동할 때 빛나는 방향인지 어두운 쪽인지 판단해서 그냥 밝은 쪽을 취하면 된다. 정말 간단하지 않은가. 이 단순한 판단 기준을 하루하루 지켜나가면 당신 안의 위대한 불성에 불이 붙고 빛이 뿜어져 나와서 앞날을 환하고 뜨겁게 비춰 줄 것이다. 빛나는해피불~ 생각하는 그대로 다 이루어지이다.

# 빛나는 운명이 펼쳐진다

 감정의 코드를 어디에
꽂는가에 따라서 삶이 바뀐다

마음의 문을 마귀에게 열면 마귀가 들어오고 부처에게 열면 부처가 된다. 마음은 불법의 힘, 대우주의 원리와 하나이기 때문이다. 생각의 문을 어느 쪽으로 여는가, 감정의 코드를 어디에 꽂는가에 따라서 삶이 바뀌는 것이다. 사주팔자가 같은 사람들이 서로 다른 삶을 사는 것은 바로 이 점 때문이다.

빛의 기호인 옴(옴)은 이런 진리를 상징적이고 시각적으로 압축해서 표현한 것이다. 우리는 눈으로 보이는 것을 더 많이 의식한다. 손오공도 그랬다. 고생 고생해서 부처님을 만난 손오공은 부처님께서 진귀한 불경을 주셨는데, 기뻐하는 대신 화를 냈다. 부처님께서 주신 책은 글자가 없는 무자서(無字書)였기 때문이다. 부처님은 화를 내면서 길길이 날뛰는 원

숭이에게 글자가 적힌 불경인 유자서(有字書)를 다시 내주셨다. 손오공은 그제야 보물을 얻었다고 재주를 넘으며 좋아했다고 한다.

빛으로 가득한 무자서는 유자서보다 높은 득도의 경지를 상징하는 불경이다. 하지만 손오공에게 무자서는 그냥 빈 노트일 뿐이었다. 사람들도 대부분 손오공처럼 눈에 보여야 믿고 인식한다.

보이지 않는 빛의 씨앗 옴이 간절했는데, 어떤 시간 어떤 조건에서 내 눈에 보였다. 나는 그 뒤로 보이지 않는 옴을 보이는 해피불 옴으로 세상에 보여주고 있다. 빛의 옴은 황금문패이다. 어떤 문을 열 것인가? 황금문패인 옴을 보고 빛의 문을 열면 된다. 해피불 옴의 '옴' 자는 눈에 보이기 때문에 인식할 수 있다.

빛이 나오는 중심인 '옴'을 의식하고 그곳에 서서 계속 빛나는 생각, 빛나는 말, 빛나는 몸으로 빛나는 행을 하며 하루를 보내는 것이 핵심이다. 이를 강하게 의식하고 실천하는 만큼 운명이 열린다. 운명이 바뀐다.

평소의 생각과 비슷한 것이 끌려온다는 '끌어당김의 법칙'은 자연과학의 '만유인력의 법칙'에 해당한다. 만유인력은 질량이 무거운 물체일수록 강하게 발휘한다. 마음이 끌어당기는 힘은 간절함에 비례한다. 간절할수록 빛나는 운명이 펼쳐진다.

성냥팔이 소녀의 이야기가 감동적인 것은 소녀가 성냥을 켰기 때문이다. 어둡고 추운 겨울날, 빛과 열을 내는 성냥을 켬으로써 그녀는 운명을 바꿨다. 하

_해피 성냥불

나의 성냥불이 사람들의 마음에 불을 붙였고, 이 불이 삽시간에 번진 것이다.

중심에는 중력이 작용한다. 중심은 힘이 세다. 온갖 좋은 것들을 끌어당긴다. 중심에 선다는 것은 다른 말로 불성(佛性)을 극대화한다는 것이다. 라디오 주파수를 잘 맞추면 깨끗한 소리를 들을 수 있는 것처럼 불성을 보면 할 일과 하지 말아야 할 일을 명확하게 구별할 수 있다. 또한 부처님의 주파수에 자신의 생각을 맞추면 부처님이 일파만파로 퍼져나간다.

다른 사람에게 코드를 꽂지 마라. 집착을 낳을 뿐이다. 하루 종일 빛나는 것에 코드를 꽂으라. 나를 통해, 부처를 통해 빛으로 세상과 소통하게 된다. 자유롭게, 두 눈을 해와 달처럼 환하게 밝혀 아름답고, 긍정적이고, 강한, 남에게 이로운 일들을 하라. 빛나는 것에 코드를 꽂아라.

우주는 빛과 소리로 만들어졌는데 여기에 코드를 꽂으면 무한한 에너지를 얻을 수 있다. 빛나는 사람이 스스로 나에게 다가올 것이다. 호주머니에 돈이 들어오고, 만근의 무게를 가진 업장도 소멸된다. 그리고 계속 빛의 양이 업그레이드되면서 운명이 점점 고급화되어 간다.

## 마음속 네비게이션의 목적지를 빛으로 설정하라

처음에는 복잡하게 생각하지 말고, 그저 지금 하고 있는 행위가 밝은지, 어두운지만 생각해도 된다. 술에 대해 잘 모르는 사람도 술을 많이 마시면 취한다. 이론을 정확하게 몰라도 많이 행하면 인과법에 따라서 결과는 반드시 돌아오기 마련이다. 특히 업장이 너무 커서 사방이 어두운 사람은 단순하게 시작해야 한다.

처음부터 너무 강력한 빛을 보려 하지 마라. 어두운 동굴에 오래 있었던 사람이 밝은 태양빛을 잘못 보면 시력이 훼손되기도 하고, 눈이 부셔서 도로 동굴로 들어가 버릴 수도 있다.

의식하는 수준에 따라 결과가 달라지는 것은 맞다. 하지만 속도보다는 방향이 더 중요하다. 마음속 네비게이션의 목적지를 대광명의 빛 부처님으로 설정하고 천천히 시작해도 점점 가속이 붙는다.

자신이 빛을 닮은 행위를 반복함으로써 스스로 빛날 때 그와 같은 것들이 몰려온다. 돈을 벌려면 돈을 따라다녀서는 안 된다. 돈은 눈이 밝아서 밝은 곳을 좋아하는 습성이 있다. 돈의 주파수에 맞을 만큼 스스로 밝아지면 그 에너지만큼 돈이 몰려온다. 내 자체가 빛의 열쇠가 되면 빛의 문, 하

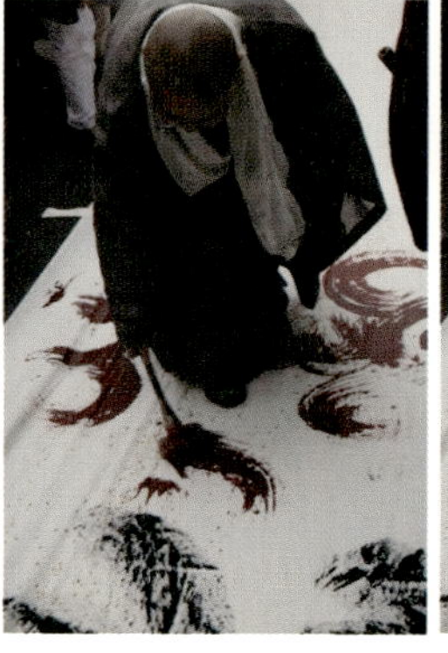

_우주의 중심 퍼포먼스

104

늘의 황금금고가 열리는 것이다. 너무 신나고 감사한 일이다. 모두 경험하게 될 것이다.

누구에게는 통하고 누구에게는 소용없는 엉터리 처방이 아니다. 낙하산을 메고 비행기에서 뛰어내리면 선한 사람도 악한 사람도 모두 땅을 향해 자유낙하한다. 예외는 없다.

이 법칙 또한 사람을 차별하지 않는다. 만인에게 평등하다. 이젠 빛의 시대이다. 그래서 이 빛나는 비밀을, 빛을 먹는 수행을 세상에 알리고자 한다.

중요한 것은 처음에는 잘 안 되더라도 바로 포기하면 안 된다는 점이다. 안 되는 것도 되기 위한 업장소멸의 과정이고, 어둠에 익숙해진 상태여서 빛에 적응할 시간이 필요한 상태일 뿐이다.


깨달음으로 가는 길은 오직 업그레이드만 있을 뿐이다. 빛의 수행엔 오직 더 좋아지는 일밖에 없다. 나쁜 일도, 온갖 장애물도 오히려 더 좋아지는 명현 반응에 불과하다.

부자들은 자신도 모르는 사이에 이런 원리를 일상에 적용하고 있는 경우가 많다. 그들은 돈이 없던 시절에도 부자들에게 코드를 꽂았다. 그리고 부자처럼 생각하고 말하고 행동하려고 노력했다. 그러한 노력 덕분에 그들에게 돈이 몰려든 것이다.

부자들은 알고 움직인다. 반면 부자가 되지 못한 사람들은 생활고를 처리하느라 어렵고 힘들게 생각하고 말하고 행동한다. 그러면 돈이 달아나 버린다. 부처와 통하면 내가 부처이다. 그와 같이 돈을 벌려면 부자들의 황금빛 주파수와 자신을 일치시켜야 한다.

빛을 의식하고 그 줄을 꽉 붙잡고 있으면 된다. 지금 어렵고 힘들다 해도 역경이 스승임을 자각하고, '빛나는 것'이 그 상황을 벗어나는 지름길임을 알고 행하면 된다. '마음을 비우는 것'이 아니라 '마음을 빛내라'가 정답이다.


2,500년 동안 설해져 온 부처님 법, 지금까지는 무설설(無說說), 즉 설한 바 없이 설함으로 표현하였다. 지금의 나 동휘 스님은 이제부터 광설설(光說說), 세상을 창조하는 광설설로 대광명, 빛의 사용법을 설하고자 한다. 빛은 없는 것이 아니다. 다만 보이지 않을 뿐이다. 그래서 광설설이다. 빛의 시대를 살아가고 있기에 우리는 더욱 더 빛나야 한다. 스스로 빛나서 주위를 환하게 만들어야 한다. 빛은 모든 것을 상생시키는 에너지이기에 빛나면 말하는 그대로 다 이루어진다.

앞에서도 거듭 말했듯이 대우주를 축소한 소우주가 인간이라는 점부터 자각해야 한다. 우리는 그만큼 위대한 존재들이다. 불가(佛家)에서는 우리 안에 부처가 하나씩 자리하고 있다고 가르친다. 우리는 이미 소우주요, 부처이다. 스스로 빛나는 하나의 별인 것이다. 황금이 귀한 줄 모르는 사람에게 황금은 그저 돌덩이에 불과할 뿐이다. 자기가 무슨 물건인지부터 알아야 한다. 그래야 자신의 생각과 말과 행동이 가지는 엄청난 힘을 깨닫고 바르게 사용하려고 노력할 것이 아닌가.

인간 자체가 눈에 보이는 몸과 보이지 않는 영적인 부분이 합쳐진 존재이다. 이를 어떻게 사용하는 것인지 그 방법을 잘 알아야 한다. 그리고 그 결과 어디로 가게 되는 지 깨달아야 한다. 사람들은 작은 핸드폰 하나가 생겨도 설명서를 뒤적이며 사용법을 익히고 충전시킨다. 그런데 그보다 억 천만 배 더 소중하고 정교한 보물인 자기 자신에 대해서는 아예 생각도 못하고 있다.

우리는 다만 아직 불성을 자각하지 못하고 있을 뿐이다. 우리는 모든 존재를 행복하게 만들기 위해 태어난 해피불, 해피붓다, 부처님이다. 여기에서부터 시작하는 게 중요하다. 내가 바로 세상을 창조하는 중심임을 알고 시작하는 게 핵심이다. 빛나는 에너지를 충전하고 빛나는 일을 행하는 방법을 배우면 우리는 빛나는해피불에 불붙어 황금문 열고 마음이 원하는 그대로를 다 이룰 수 있다.


대부분의 사람들은 바깥만 쳐다보면서 괴로워한다. 남이 가진 것이 눈에 보이면 부러워한다. 하지만 자기 안에 우주가, 부처가, 별이 있음을 알면 내면의 보물을 캐기 바빠서 외부를 쳐다볼 시간이 없을 것이다. 자기 안에서 모든 것이 나온다는 점을 명심하라.

— 빛나는 사람

문수보살은 불이 붙은 칼을 들고 있다. 신들의 칼은 내리치면 내리치는 대로 모양이 바뀐다. 원하는 모양으로 조각이 되는 것이다. 인간의 칼은 피가 나지만, 신의 칼은 빛의 칼이기 때문에 모양을 바꿀 뿐 상처가 나지 않는다. 우리 안에는 우리를 바꾸고 이웃을 바꾸고 세상까지 바꿀 수 있는 위대한 문수보살의 빛의 불 칼이 한 자루씩 있다. 다만 우리가 휘두르지 않고 있을 뿐이다.

원을 성취하는 방법은 마음이 흔들리지 않도록 중심에 정확히 코드를 꽂는 것이다. 카메라가 흔들리면 백 장, 천 장을 찍어도 쓸 만한 사진을 구할 수 없다. 마음 카메라가 대우주법계를 향해서, 세상을 향해서 흔들리지 않고 계속 찍으면 마음이 원하는 그대로 다 현실이 된다. 마음은 유리와 같아서 의심하면 바로 깨진다. 자기가 깨트린 것이다. 흔들리지 않으려면 의심하지 말아야 한다.

호주머니 사정이 가장 큰 문제가 아니다. 내 생각이 얼마나 밝은가, 모두를 감동시킬 만큼 빛나는 생각, 남을 위한 생각인가를 점검하라. 모두를 위한 설계라면 모두가 움직이고 대우주가 축복할 것이다. 그런 설계를 처음부터 세워야 한다.

지금 바로 내 안의 부처님에게 인사를 해 보자. 나를 행복하게 하기 위해 오래 전부터 내 안에 자리 잡고 있었던 부처님이다.

"안녕하세요, 행복한 부처님."

"굿모닝, 해피불."


쥐와 눈이 맞으면 시궁창에 들어가야 하고 이성과 눈이 맞으면 결혼을 해야 한다. 이 순간 내 안의 해피불과 눈을 맞춰라. 자신이 위대한 불성을 가진 부처임을, 빛나기 위해 태어난 스타임을, 원하는 대로 끌어당길 수 있는 소우주임을 인정하라.

# 모든 자물쇠를 여는 열쇠 - 빚

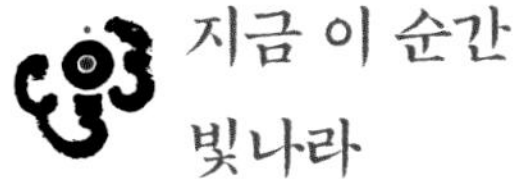

지금 이 순간
빛나라

승려는 불법을 공부하고 전하는 일을 업으로 삼은 사람이다. 오랫동안 승려에 관한 이미지는 낡은 가사를 입고 탁발을 다니고, 아무것도 소유하지 않은 채 고행을 거듭하는 구도자의 모습이었다. 하루 먹을 양식을 탁발을 통해 구하고, 부(富)나 성공과는 거리가 먼 삶을 살아가는 것이 중생들이 생각하는 승려의 삶이다.

승려가 정신적 성취를 이루기 위해 수행 정진하고 물욕에 사로잡히지 않는 것은 당연한 일이다. 하지만 불법을 공부하는 것과 풍요로움 사이에 아무런 관련이 없는 것처럼 착각하는 일은 곤란하다.

내가 만난 수많은 신도들이 절에 와서 스님에게 바라는 것은 크게 두 가지이다. 하나는 정신적인 위로이고, 다른 하나는 복을 부르는 기도를 청하는 것이다. 나는 부처님의 제자로서 내가 가지고 있는 원력으로 힘껏 신도들을 도와준다.

문제는 기도를 하면서도 진짜 부처님 말씀을 그대로 따르면 정신적으로나, 육체적으로나, 물질적으로나 자신이 원하는 것을 뭐든지 이루어낼 수 있다는 진리를 모른다는 것이다. 불상을 만들 때 금칠을 하는 이유는 부처님 말씀이 빛이자 풍요로움의 비결임을 상징적으로 표현하기 위해서다. **가난하지만 정신적으로는 건강하다는 식으로 부처님 말씀을 왜곡하면 안 된다.**

세상이 점점 각박해져 간다. 남의 것을 빼앗고, 속이고, 이용하지 않으면 성공하지 못할 것처럼 악다구니를 쓰는 사람들이 늘어간다. 하지만 그렇게 번 돈은 자기 것이 되지 않는다. 남에게 흘러가거나 다른 형태의 비수가 되어 자기에게 돌아올 뿐이다. 돈은 자기 복만큼 들어오게 되어 있다. 부정한 방법으로 거대한 부를 축적한 마피아 보스가 수사기관에 체포되었다는 뉴스를 가끔 볼 수 있다. 그들은 수십 년 형을 선고받고 복역한다. 그리고 그 긴 시간 내내 밖에 숨겨두고 온 재산에 대한 미련 때문에 고통스럽게 몸부림칠 것이다.

부처님의 말씀을 따르면서 얻은 부와 풍요는 부작용이 없다. 온전한 자기 것일 뿐만 아니라 세상을 빛나게 하고, 긍정적으로 끊임없이 확대 재생산된다. 중국의 전설적인 부자 범려는 좋은 제품을 서민들을 위한 금액에 팔았다. 조선 후기의 거부 임상옥은 '상업의 부처'라고 불릴 정도로 돈을

― 빛나는 생각

제대로 벌고 바르게 쓸 줄 알았다. 범려는 천재적인 능력을 발휘한 일국의 승상이자 천하제일의 부자가 되었고, 중국의 4대 미녀 중 한 명으로 역사서에 기록될 정도로 아름다운 서시를 아내로 맞아 천수를 누렸다. 임싱옥 역시 격변기를 살면서 큰 화(禍)를 피해 갔다.

나는 만다라 성전에서 살고 있다. 매일 빛의 지도인 만다라 그림과 그 중심의 해피불 옴을 보면서 그 빛의 중심에 서는 연습을 하고 있다. 그래서인지 늘 세상을 빛나게 하는 빛나는 수행자의 모습이 보인다.

내가 출가하고 수행자가 된 것은 마음의 지도를 환히 밝혀 정신적 · 물질적으로 풍요로워지는 부처님의 법을 널리 알리기 위해서였다. 나는 빛을 전하는 해피불 수행자로서 사명감을 가지고 하루하루를 살아간다.

밝아지고 싶지 않은 사람은 없다. 태양처럼 높고 환해지고 싶은 것은 모든 사람의 바람이다. 사람들은 어떻게 하면 밝아져서 반짝반짝 빛나는 삶을 살 수 있을지 궁금해 한다. 밝아지면 자신이 가진 모든 어려움들이 눈 녹듯 사라지고 행복해질 거라고 믿기 때문이다.

이집트 사람들은 이런 염원을 담아 태양신을 최상의 신으로 모셨고, 프랑스의 절대 권력자 루이 14세는 스스로를 '태양왕'이라 칭했다. 하지만 당장 먹고살 고민에 짓눌려 사는 대부분의 삶은 무의미하게 흘러간다. 그러다가 다급해진 분들이 내게 찾아와 빨리 밝아지는 지름길을 묻기도 한다.

답부터 말하자. 주위 상황이 밝아지길 바라지 말고 나부터 밝아지면 된다. 너무 계산하지 말고, 그냥 바로 빛을 의식하면 지금까지의 모든 것은 소멸되고 바로 지금 이 순간부터 빛난다. 바로 지금이 기회다. 우주는 크고 작은 개념이 아니다. 작은 씨앗이라도 빛을 건드리면 바로 빛의 문이 열리고 지옥문을 건드리면 지옥세상이 열린다. 내생에 밝은 곳에서 행복한 얼굴로 태어나게 된다.

사람들은 가까운 미래는 걱정하면서 보이지 않고 아직 오지 않았다는 이유로 다음 생을 생각하려 하지 않는다. 현재는 전생의 모습이고, 지금 현재의 모습이 다음 생을 결정한다. 현재는 과거에서부터 이어진 미래의 모습이다. 이것이 바로 시간의 얼굴이다. 오늘 빛나는 것이 어제를 해결하고 내일을 행복하게 만든다.

 도를 통하고 싶은가?
## 몸과 마음을 빛으로 가득 채워라

"밝아지는 방법을 알려 주세요."라고 하는 사람들에게, 먼저 밝아지는 훈련을 하라고 권하고 싶다. 이 훈련은 일상생활을 하면서 언제 어디서나 할 수 있다. 유비쿼터스 수행법인 것이다. '유비쿼터스'라는 말은 '언제 어디에나 있다'라는 뜻이다. 우리가 밝게 살려고 마음만 먹으면 방법은 지천에 널려 있다.

밝아지는 방법은 지금까지 수많은 종교에서 마음의 평화를 구해 온 그 어떤 방법보다 쉽다. 경전을 읽고, 참선을 하고, 염불을 외우고, 삼천 번 절하는 일도 중요하다. 하지만 그런 가르침도 바로 이 밝음 속에 다 들어 있다.

수행의 근원은 몸과 마음을 밝히는 데 있다. 몸과 마음은 둘이 아니기에 몸과 마음이 함께 세상을 깨달아야 한다. 어두운 방에 들어갈 때 스위치를 눌러 불을 켜듯이, 캄캄한 밤길을 걸어갈 때 손전등으로 길을 밝히듯이 온 몸과 마음에 불을 켜는 연습을 하는 것이다.

사람들은 득도한 이에게 어떻게 깨달음의 세상에 도달했는지를 묻는다. 신통방통한 답을 기대하는 분들에게 그저 밝아지면 된다고 말하면 쉽게 받아들일까? 도를 통하고 싶으면 스스로를 빛으로 가득 채우면 된다.

빛은 뜨겁다. 뜨거운 빛은 마음의 때와 얼룩도 금방 태워 없애버린다. 밝아지기 위해 어떤 큰 스승의 가르침에도 연연할 필요가 없다. 빛나는 태양과 빛나는 보석과 뜨거운 용광로와 빛들을, 전구와 촛불을 온몸에 켜는 이미지를 쉼 없이 떠올리면 된다.

빛을 의식할 때 내 안이 밝아진다. 해님께 감사하고, 달님께 감사하고, 별님께 감사하며, 빛나는 모든 것을 좋아하고, 그 빛을 먹으면 된다. 밝은 에너지는 세상의 모든 밝은 빛들과 주파수가 맞아서 함께 공명(共鳴)한다.

대부분의 사람들은 하루하루 108번뇌와 마주한다. 요즘은 경제적인 어려움으로 인한 번뇌가 늘어나고 있다. 그럴수록 우리 스스로를 밝힐 무언가가 필요하다. 깨달음을 얻기 위해 수행자들처럼 세상과 단절하고 모든 것에서 벗어나려는 시도는 바람직하지 않다. 물론 특별한 소명을 받은 이들은 제외한다.

정신없이 돌아가는 생활 안에서 문득문득 광명한 깨달음의 세상이 간절히 필요하다면 자신이 밝게 빛나는 연상을 쉼 없이 하라. 온몸에 광명의 스위치를 달고 다가오는 현실과 경계마다 끝없이 불을 켜는 훈련을 하면 된다. 그렇게 하면 실제 마음이 환하게 밝아지고 끈질기게 나를 괴롭히던 각종 문제들도 어느새 따뜻하게 밝힌 불에 타서 흔적 없이 사라질 것이다.


간절하면 간절할수록 그 시간은 빨리 온다. 몇 시간, 며칠, 몇 달이 걸린다고 해도 밝아지는 것을 포기하지 말고 계속 그쪽으로 나아가라. 밝은 빛만 연상하고 밝은 곳을 향해 나아가면 사방이 막혀 도저히 헤어날 수 없을 것 같던 상황이 완전하게 달라져 있는 것을 발견하게 된다. 내가 빛나면 가문이 빛나고 주변의 모든 것들이 밝아진다.

서로 소통하지 않아서 근심하는 것이다. 빛은 모든 존재와 소통한다. 내가 밝아지면 아내와 자식과 이웃도 밝아진다. 빛이 통과하지 못하는 물체는 없다. 빛은 모든 것을 뚫는다. 사방으로 퍼지는 빛을 한곳에 모으면 '레이저'가 된다. 레이저는 지구상의 모든 물질을 녹여서 통과하고야 마는

_말하는 대로 다 이루어진다

힘을 가졌다.

렌즈가 맑고 밝고 투명해야 사진이 잘 나오듯이 마음이 맑고 밝고 투명해야 마음속의 소원이 현실에서 원하는 대로 나타난다. 순수한 말을 던지면 예상하지 못했던 행복이 온다. 마음의 생각이 현실로 인화되는 것이다.

태양처럼 밝은 이미지를 생각하고 그런 이미지에 걸맞게 말하고 생각하고 행동해 보라. 인생이 달라질 것이다. 이처럼 쉬운 일은 없다. 하지만 그 효과는 놀랍다.

생각하는 대로 사람의 모양이 만들어지고, 복은 모양을 닮은 모습으로 찾아온다. 커피 잔에 커피가 담기듯이 생긴 대로 기운이 들어온다. 형상은 아주 중요하다. 그와 같이 마음의 상이 좋아지면 얼굴이 변한다. 내가 커피 잔이 되면 커피가 담기고, 밥그릇이 되면 밥이 오고, 금고가 되면 돈이 온다. 물론 커피 잔에도 밥을 담을 수는 있다. 하지만 며칠 있으면 다시 제자리로 돌아간다. 재떨이에는 담배꽁초가 찾아오는 것처럼 내 마음이 만드는 대로 복이 찾아온다.

스스로의 마음에서 나오는 희망사항을 자신의 주변에, 온 우주에 전하라. 그리고 말하라. 복잡한 전자기기도 전원을 켜야 작동된다. 그처럼 자신의 불을 켜야 세상이 보인다. 마음의 불을 켜면 눈을 감아도 다 보인다. 자기 마음속에 빛나는 옴을 의식하고 세상의 모든 빛나는 것을 먹는 것이 마음의 불을 켜는 방법이다. 이 세상 삼라만상은 빛으로 만들어졌기 때문에 빛을 사용한 소원은 반드시 이루어진다. 빛이 세상의 기초이다. 빛으로 빚은 성공의 메뉴는 무궁무진하고 이르지 않는 데가 없다.

무엇인가 좋아하면 그것을 닮게 되고 같아지게 된다. 그러므로 늘 빛을 염두에 두고 빛나는 말을 해야 한다. 상대방을 향해 계산하기 이전에 상대방에게 집중하면서 밝고 환하게 말하라. 물론 전생의 업장과 현재의 아픈 것, 미운 것, 화나는 것 때문에 처음에는 잘 되지 않는다.

하지만 내가 바뀌지 않으면 세상은 절대 바뀌지 않는다. 전생에 닦은 대로 그 빛을 따라 형상이 이루어진다. 자기 생긴 대로, 과거에 익숙한 대로 가게 된다. 걱정하는 사람은 걱정하는 세상으로 가는 것이다. 죽기 직전에 걱정하다 가는 사람을 보면 정말 안타깝다. 왜냐하면 그 사람에게는 다음 세상도 걱정하는 세상이 펼쳐질 것이 자명하기 때문이다.

우리는 꼭 빛이 나오는 창문을 갖고 살아야 한다. 그 곳으로 계속 가야 한다. 빛이 보이지 않아 마음이 깜깜해지면 자살을 한다. 살아갈 출구인 빛이 보이지 않기 때문이다. 그래서 자살이 제일 무섭기도 하다. 왜냐하면 다음 세상도 같은 기운으로, 암흑 무간지옥으로 갈 확률이 높기 때문이다. 그때, 정말 힘들 때 한 생각 바꾸어 밝은 쪽으로 가야 한다. 마찬가지 원리로 걱정하지 않고 항상 밝고 행복하게 생각하면 살아서든 죽어서든 밝고 행복한 곳으로 간다.

지금 이 순간 밝은 생각을 하면 주변이 다 밝아진다. 마음은 막히는 것이 없어서 마음에 빛의 스위치를 누르면 우주와 한순간에 통해서 내 마음을 다 알게 된다. 사람이 대오각성(大悟覺醒)하면 주변 사람들은 그 사람을 주목하게 되는 법이다. 우리는 이제 걱정하는 일을 그만두고 밝아지는 연습을 하고 항상 깨어 있어야 한다. 중심에 빛이 살아 있으면 위기가 기회가 된다.

인간의 마음속에, 몸속에 육도윤회(六道輪廻)가 있다. 삼세업보설(三世業報說)은 전생에 지은 업 중에서 전생에 다 받지 못한 업보를 현생에 받고, 현생에 지은 업 중에서 현생에 다 받지 못한 업보를 다음 생에 받게 된다는 이야기이다. 법 없이도 사는 선량한 이들이 고통 받고 사는 까닭은 전생의 업을 소멸하는 과정을 밟고 있기 때문이다. 지옥(地獄), 축생(畜生), 아귀(餓鬼), 아수라(阿修羅), 인간(人間), 천상(天上) 등의 육도는 영원히 머물 수 없는 곳이다. 업의 인연이 다하면 또다시 윤회의 길을 떠나야 한다.

모든 것은 마음에서 일어난다. 시기하는 마음은 아수라의 세상 속에 살게 한다. 탐욕을 찾아 헤매는 이는 아귀의 세상에 살고, 어리석은 사람은 축생의 세계에 산다. 자식을 버리거나 부모를 죽인 이는 지옥의 세상을 살고 있지 않는가.

우리가 볼 수 있는 것은 업으로 한정된 것이다. 아무리 깨달았다고 해도 인과법으로부터 자유로울 수 없다. 그 누구도 인과법에서 예외일 수는 없지만 인과법에 어둡지 않을 수는 있다. 악업을 버리고 선업을 쌓기 위해 우리는 어떻게 해야 할까?

빛으로 통하면 걱정이 없고 행복하다. 생명이 있는 모든 존재들은 그 안에 빛이 있다. 선도 악도 그 안에 있다. 빛은 모든 것과 다 통한다. 내가 그 빛과 통하려면 빛만을 생각해서 서로 일치하면 된다. 빛나는 것들과 주파수를 맞추는 것이다. 생명력이 있는 따뜻한 빛을 닮아 스스로 밝아지고 빛날 때 무엇이든 열리는 열쇠가 된다. 빛이야말로 무엇이든 열 수 있는 열쇠이다.

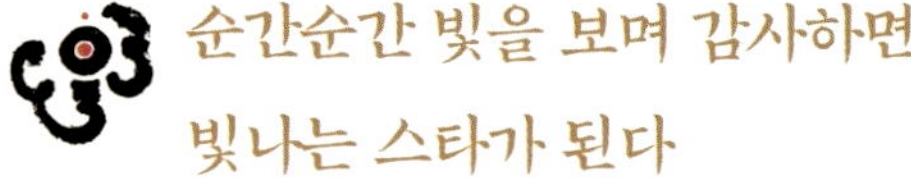 **순간순간 빛을 보며 감사하면 빛나는 스타가 된다**

사람들은 어떻게 하면 스타가 될 수 있는지 알고 싶어 한다. 멋있고 싶고 빛나고 싶은 것은 인지상정이다. 누구나 자신의 앞날이 밝기를 꿈꾼다. 하지만 그들에게 경전을 읽으라고 하면 졸린다 하고, 참선을 하라 하면 오만가지 잡생각이 든다 하고, 절을 하라고 하면 허리가 아프다고 한다. 전생의 업장을 말하고 육도윤회를 말해도 그들은 실감하지 못한다.

그러나 자신을 가장 빛나게 하는 방법을 알려 준다고 하면 눈이 반짝인다. 그들의 눈동자, 즉 마음속에 한 점 불이 켜지는 것이다. 빛나게 하는

_스타 탄생, 광광광

방법은 별다르지 않다. 순간순간 빛을 보며 감사하면 된다. 태양과 별과 달과 모든 것에 감사하라. 모든 사람에게 감사하라. 사람이 바로 별이다. 감사한 빛을 사용하는 빛나는 수행을 하자. 빛으로 열어 버리자. 열면 빛난다. 작게도 크게도 빛이 달려와 돕는다.

나는 무슨 일이든 그냥 한다. 사람들은 내가 즉흥적인 면이 있다고 생각한다. 내가 할 수 있는 것, **밝은 일이라면 나는 바로 결정한다. 그때 빛이 합류해 와서 그 일이, 그 길이 열린다.** 독자들도 연습해 보라. 그 이치를 체험하고 체득할 날이 있을 것이다.


만다라 대법회 전날 행사 준비를 하다 보니, 아주 늦게까지 매우 힘들었다. 마당에서 법회를 봐야 하는 상황인지라 미리 방석을 마당에다 깔아 놓고 왔다. 그땐 아직 절이 지어지기 전이어서 산 너머 무진장 할아버지 집에 방을 하나 구해서 살고 있을 때였다.

보살님 한 분과 행사준비를 마무리하고 돌아오니 밤 2시였다. '빨리 자자'고 나를, 잠을 재촉했다. 잘 수 있는 시간도 별로 없을 것 같았기 때문이다. '좀 쉬었다 일어나야겠다.'라고 생각하며 깜박 잠들었는데, 누군가 내 귀에다 "우루룽 쾅 우루룽 쾅쾅." 하고 천둥소리를 들려주는 것 같았다.

그 순간 벌떡 일어나서 '비가 오면 어쩌나.' 하는 마음에 급해서 그냥 달려 나와 차를 모는데, 너무 급한 마음에 후진으로 페달을 힘껏 밟아 뒤쪽 쇠 외양간이 있는 축대 밑으로 떨어지는데, 가슴이 철렁, 나도 모르게 "관세음보살!” 하고 소리쳤다. 그런데 그 찰나 간에 차가 축대 위로 덜커덩 올라앉는 게 아닌가?

놀랄 사이도 없이 절로 달려와 방석을 한쪽으로 모으고 그 큰 천막을 혼자서 있는 힘 다해 딱 덮고 나니, 세상에 바로 큰비가 내렸다. 여름날 소나기는 비할 수도 없이 태풍 같은 바람이 불고 굵은 빗방울의 소낙비가 쏟아졌다. 하지만 아침엔 언제 그런 일이 있었냐는 듯이 해님이 반짝, 날씨가 얼마나 청량했던지 감사하고 또 감사했다.

매일 해님에게 달님에게 별님에게 빗님에게 모두에게 감사했다. 평소 업어 가도 모를 정도로 깊은 잠을 자는 나를 그렇게 깨워 주었다. 우루룽 쾅 우루룽 쾅쾅. 이제 그 우루룽 쾅쾅이 빛나는 수행자들로 우루루 대우주가 빛을 몰고 오고 있다.

# 나에게 빛나는 붓이 생겼다

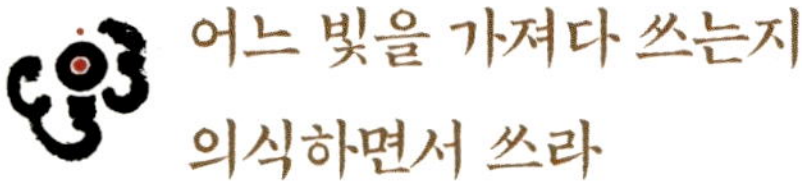 **어느 빛을 가져다 쓰는지<br>의식하면서 쓰라**

해피만다라, 인간만다라 성지를 만드는 도량, 해가 뜨는 새벽도량이다. 서울에서 40분 거리, 마음만 먹으면 얼마든지 새벽예불을 함께 할 수 있다. 매일 새벽도량에서 기도하는 모든 이들이 함께 하기를.

"빛나는 생각, 빛나는 말, 빛나는 몸."
"빛나는 행으로 빛나는 수행자 해피불. 깨달음 빛의 길에 올라 황금 문 열고 마음이 원하는 그대로 다 이루어지이다."

다 함께 소리 내서 원을 세운다. 수많은 날들을 기도하고 정진해 왔다. 그 답이 허공에서, 하늘에서, 다른 사람에게서 날아오는 거로 생각했다.

부처님의 이치를 깨달으면 허공에서, 하늘에서, 사람 속에서, 돈과 사랑과 건강과 아이가 날아오게 되는 법이다. 그 모든 것이 나를 통해서 오는 것을 어느 날 확실히 깨닫게 되었다.

우르르 쾅 우르르 쾅쾅.

잠자는 나를 깨우며 비오는 것을 알리는 소리도, 어느 새벽예불 때 비 파소리가 났던 것도, 스님~ 하고 부르며 예불시간을 알리는 소리도 모두 내 안에서 나오는 소리였다.

몸 안에 육도(지옥·아귀·축생·아수라·인간·천상)가 있는 것을 깨닫게 되면 그때부터 세상이 또 달라진다. 지옥·아귀·축생·아수라·인간·천상이 내 몸 안에 있다. 밥 먹을 때, 생각할 때, 말할 때, 일할 때 내 몸 안의 어느 것을 가져다 쓰겠는가?

지옥이나 귀신을, 아니면 아수라의 분노를, 아니면 인간적인 처신을, 아니면 천상의 축복과 부처님의 자비 중에서 어느 것을 가져다 쓰는가?

그것을 계속 의식해야 한다. '어느 빛을 가져다 쓰는가'를 의식하면서 사용해 보자. 무의식적으로 순간적으로 나쁜 생각, 나쁜 말이 튀어나오면 옴마니반메훔! 나쁜 것과 어둠을 지우는 지우개 소리로 바로 지워버리자. 멋있는 사람은 천상의 부처의 빛을, 스타의 빛을 가져다 쓰기 때문에 멋지게 빛난다. 그때 의식하고 사용한 내 몸 안의 기운이 점점 강해진다.

천상을 사용하기 시작하면 내 몸과 내 안이 빛나기 시작한다. 반면 지옥·아귀·축생을 좋아하고 먹고 사용하면 그 에너지 그 빛이 강해져 분노와 욕심과 지옥세계가 끌려온다. 나를 통해서 복도 오고, 화도 오고, 조상도 오고, 돈도 온다. 주파수 에너지는 유유상종 만나기 마련이다. 그러기에 내 몸 자체가 빛나고, 생각이 빛나고, 말이 빛나야 하는 것이다. 빛의 통로인 나의 몸, 그 몸을 빛나게 하는, 몸과 마음의 빛을 업그레이드하는 수행을 해야 한다. 이젠 빛나는 수행이 답이다. 마음과 몸을 곧바로 빛나게 만드는 수행이 필요하다.

빛과 소리, 마음의 눈을 뜨고, 마음의 소리를 내어 그 빛의 소리를 타고 내 몸 자체, 내 안에 있는 중생들이 계속 업그레이드 되는 수행을 해야 한다. 그때 내 몸 안의 중생이 업그레이드되는 만큼 바깥의 돈과 기운과 복이 다 들어오는 것이다.

왜? 나의 몸이 빛나는 경계만큼 그 안의 주파수들이 바뀌어 세상의 것과 하늘과 통해 열려라~ 황금문~~~ 옴마니반메훔, 옴리제미제기사은 제지바르타리스바하. 고기와 술과 담배를 많이 먹으면 축생과 지옥의 냉한 기운이 강해져 그러한 세계가 열리고, 맑고 깨끗한 기운을 담은 음식을 먹으면 천상의 기운이 강해져 그 빛의 문이 열린다. 먹는 것 자체가 운명을 결정한다.

이젠 빛을 먹고 빛나는 스타들의 시대다. 이 스타들의 전쟁에서 이 빛나는해피불을 사용하면서 그대는 더 멋지고 완전하고 해피한 스타가 되는 것이다.

_ 나에게 빛나는붓이 생겼다

# 내 몸 안의 빛을 깨우면 빛나는붓도 생긴다

벼락부자가 되려면 내 몸 안에서 부자 조상이 깨어나야 한다. 업그레이드가 되어서 부자 조상의 기운이, 부자 조상이 튀어나와야 한다. 그래야 부자가 된다. 내 몸 안의 부자의 마음을 업그레이드시켜야 한다. 내 조상이 부자로 업그레이드되어야 한다. 내 조상이 돈의 한을 풀어야 한다. 사람들은 바깥의 돈만 벌면 되는 줄 안다. 아니다. 누구나 조상 중에 부자가 있다. 그 조상의 한을 풀어서 조상의 묵은 금고가 열려야 한다. 구두쇠 조상의 마음 금고가 열려야 한다.

그날도 새벽예불 때였다. 예불을 마치고 약간 추워서 다시 조금 더 쉬려고 누웠다. '잠깐 쉬었다 공양간으로 가야지' 하고 눈을 감았는데, 가슴 위로 열쇠 하나 무게 정도의 무언가가 떨어지는 듯 탁~ 하면서 내 가슴에 던져졌다. 그렇게 가슴에 뭔가 떨어지는 것 같더니 그것이 내 머릿속으로 들어오는 게 아닌가. 그 순간 '빛나는붓'이 내 안에 생겼다. 빛나는붓이 바로 뇌로 올라가 청소하고 먼지를 털듯이 반짝거리며 막 돌아다니기 시작했다. 갑자기 우리나라 지도도 보이고, 백두산도 보이고, 그 끝에서부터 내려와 붓이 막 돌아다니며 북한도 남한도 빛으로 청소하고 다니는 것처럼 보이는 것이었다.

물론 마음의 상이겠지만, 현실보다 더 선명했다. 물질의 무게까지 느껴졌다. 아주 부드러운 털에 납작한 칩처럼 생긴 작은 붓, 금빛으로 털끝에서 빛이 나오는 붓이었다. 보이지 않지만 보이는 그 무엇보다도 확실한 그 무엇이 생긴 것이다. 코로, 눈으로, 입으로, 귀로, 목으로, 폐로, 가슴으로, 위로, 대장·소장 할 것 없이 붓이 빛을 뿌리며 내 몸 안을 골고루 돌아다녔다.

어떻게 하면 내 안을, 내 몸을, 내 운명을 청정하게 빛나게 할 것인가? 어떻게 깨달음의 방편을 사용할 것인가? 내 안을, 세상을 대락광(大樂光)~ 어떻게 크게, 빛나게, 즐겁게, 행복하게 할 것인가? 그동안 화두처럼 안고서 끊임없이 기도하였는데 나에게 빛나는붓이 생긴 것이다!

아! 간절하면 마음이 물질로 생긴다더니 바로 그것을 체험했다. '행을 하라'가 아니고 깨달음이란 바로 행해지는 것이다. 그 물건이 되어버리는 것이다. 매일 빛의 씨앗인 해피불을 그리면서 원을 세워서인가? 처음 이 도량에 왔을 때 연못에서 빛의 씨앗 옴을 보게 해 주시더니 이젠 빛나는붓이 생겼다.

그리는 대로 현실이 되고, 터는 대로 빛나게 되는 붓. 지금 이 글을 쓰는 이 순간에도 내 안에서 골고루 돌아다니며 저절로 빛나고 있다. 머리 아픈 분에게도, 다리 아픈 보살님에게도, 시험 보는 인연들에게도, 사업을 하고 일하는 일터에도, 돈이 필요한 곳에도 나는 빛나는붓을 보낸다. 또한 그리는 대로 인연과 돈이 생기고, 건강하고, 빛나라고 마음으로 매일 보이는 만다라 성전에도 미리 빛나는붓을 보낸다. 그렇게 빛나는붓을 수도 없이 보내면서 성전이 더 반짝이는 빛의 도량이 되었다. 세상을 행복하게 하는 빛이 탄생하는 곳 해피뉴코리아, 찬란하고 새로운 세상을 만드는 태극만다라의 꿈이 현실로 나타나는 모습이 보이는 것이다.

사람들이, 전 세계 사람들이 다 몰려온다. 이 빛의 언덕, 해피 만다라 성전으로~! 깨달음의 형상, 빛의 형상인 만다라 보물들, 시간의 강을 건너온 세계 각지 만다라들과 이 시대 살아 있는 빛을 상징하는 태극의 빛, 해피만다라 보물들을 친견하러 달려오는 모습이 보인다.

세상에서 가장 아름다운 불꽃, 기도의 불꽃, 촛불공양을 올리면서 새로운 꿈을 실현해 가는 모습들이 보인다. 깨달음의 별이 탄생하는 곳, 태극만다라성지. 해피뉴코리아-해피뉴만다라!

이곳에 지어지는 만다라 대탑이 보인다. 바로 인간 만다라 형상을 하고 대우주 빛의 문을 여는 우주의 중심, 깨달음의 형상이자 부처의 모습을 한 대탑인데, 안으로는 여섯 층 구조로 만들어져 나선형으로 돌면서 올라온다. 벽면에 만다라 그림으로 화려하게 육도의 모습이 펼쳐진다.

이런 구조로 올라오는데 중심에는 유리 엘리베이터가 설치되어 있어, 빛의 중심에 서면 바로 수직 상승, 빛나는 부처(해피붓다: happybuddha)로 탄생하는 구조이다. 빛의 지도를 형상화시키고 밖으로는 큰 부처님이 앉아 계시는 것 같은 형상이다.

신을 상징하는 로열 블루색의 유리 궁전이 부처님의 본원을 성취시켜 낮에는 빛을 먹고 밤에는 어두운 세상을 향해 빛을 쏘는 빛나는 탑이다. 인간과 신들과 불보살이 상즉(相卽)하는, 21세기를 축복하고 인간과 우주

― 빛나는 봄, 스타 탄

를 합일시켜 원을 성취시키는 깨달음의 황금만다라산이 보인다. 호주머니에 있는 작은 돈으로 뭔가를 이루려는 한정된 의식을 깨고 빛으로 모든 것을 해결하는 법, 대우주의 기운을 움직여 자신의 꿈을 실현시키는 법을 체득하게 하는 대광명 축복의 장이다.

나는 매일 감사하고 또 감사할 뿐이다. 부처님을 만나면, 빛을 만나면 대우주를 가져다 쓰는 원력이 생긴다. 그 힘, 그 에너지 중심에서 끝없이 업그레이드한다. 모두가 빛나는 패밀리가 되어 세상을 빛나게 바꾸어 나가는 일, 운명의 빛나는 대전환에 이제 적극 동참하자. 이 모두가 본인들의 일이다.

지금 세계를 보면 안에서도 밖에서도 끝없는 전쟁이다. 돈과 핵과 병과 마음과 싸우고 있다. 밤과 낮이 계속 되듯 죽어도 살아도 그것이 실상이다. 문제는 언제 어느 곳에서나 항상 있는 법이다. 답은 마음과 몸에 계속 빛나는붓으로 그리면서 털어내고 광명으로 가득 채워 축복하는 것이다.

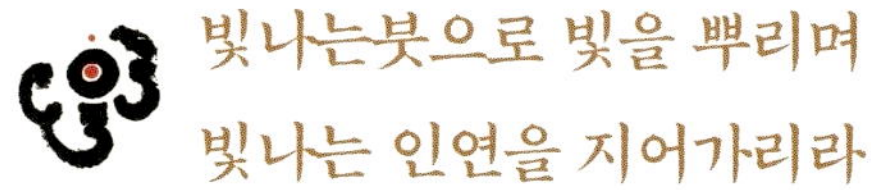

## 빛나는붓으로 빛을 뿌리며
## 빛나는 인연을 지어가리라

우리 어머니를 떠올리면서, '그저 순수한 엄마, 어떻게 이렇듯 험난한 세상을 살아 나갔을까?'라고 생각한 적이 있었다. 유유상종이라는 말처럼 같은 기운끼리 만나는 법이다. 어머니는 당신과 같은 남편을 만나고 당신과 같은 세상을 만났던 것이다.

사람들은 매일매일 돈을 버는데, 오늘 벌고 내일 벌고 그러면 돈이 점점 더 많아지는데 왜? 무엇 때문에 고생하고 걱정하고 못 살겠다고 하는지 이상했다. 그냥 누구든지 결혼하면 아이들이 생기고, 집이 생기고, 할머니 할아버지도 있고, 차도 있고, 그냥 맛있는 거 먹으면서 그렇게 사는 줄 알았다. 아니 그런 생각조차도 하지 않았던 것 같다.

어렸을 때에는 늘 재미있게 지냈다. 저녁이면 가족들 모두 다 같이 저녁을 먹으면서 화기애애한 대화를 나누었다. 가족 모두 영화도 자주 보러 갔다. 영화를 보고 오는 날이면 엄마도 아빠도 5남매 맏이인 나도 영화를 보다가 자는 동생 하나씩 업고 집에 돌아오는 게 일상생활이었다. 비오는 날, 온 가족이 장화를 신고 철벅철벅 빗길을 장난치며 걸어서 영화를 보러 가는 게 최고 재미였다.

그리고 크리스마스 땐 우리 집에 동네 사람들을 초대해 파티를 했다. 맛있는 음식을 해 놓고, 연극과 춤과 노래를 위한 무대를 설치하고, 파티를 하는 게 우리 집 연말행사였다. 언제나 그렇게 행복하게 재미있게 살아갈 줄 알았다. 파티에서 아버지께서 멋지게 부르시던 '내 고향 남쪽 바다'를 항상 들을 수 있는 줄 알았다.

그런데 어느 날 그토록 자상하고 다정다감하시던 아버지께서 돌아가셨다. 그때 내 나이 스물다섯이었다. 나는 갑자기 세상일은 전혀 모르고 살림만 하던 어머니와 동생들 넷의 생계를 책임져야 하는 소녀가장이 된 것이다. 그때부터 생각이든 행동이든 '이렇게 하면 아버지께서 좋아하실까? 아버지께서 안 된다고 하실까?'가 내 삶의 기준이 되었다. 그렇게 모든 일을 해결해 나갔다.

어릴 적 아버지는 내게 많은 말씀을 해 주셨다. 아버지가 해 주신 말씀은 무엇이든 다 좋아하며 생글거리며 듣고 있는 내게, 어느 날 "산나야, 아빠가 그렇게 좋니?" 하고 물으신 적도 있었다. 아버지도 나처럼 추위를 많이 타서 아버지 옆엔 항상 따뜻한 난로가 있었고, 그림을 그리기 위해 항상 밝은 전구가 켜져 있어서 언제나 따뜻했다.

아버지가 해 주신 말씀은 내 삶의 자양이 되고 나침반이 되었다. 특히 "산나야, 사람은 3일 후에 보면 새로운 사람으로 보여야 한다."는 말씀이 가슴에 오롯이 새겨져 있었다. 그런데 이제야, 출가 수행자가 되고도 한참 지나서야 매일 새로워져야 한다는 그 말씀이 부처님 말씀임을 깨닫게 되었다.

모든 것을 이루는 비결은 빛의 업그레이드다. 빛을 먹고 계속 새로워지는 것이다. 내 안에 빛나는붓으로 빛을 뿌리며, 새롭게 그 힘으로 밖의 세상을 축복하며, 그 기운이 유유상종 빛나는 인연을 만들어내고, 그 하나가 업그레이드되면 그 주파수와 통하는 전체가 다 업그레이드된다.

_해피불탑

"중생을 다 건지오리다."

나는 이 빛나는붓을 모두에게 선물한다. 나의 인연 모두에게 보낸다. 이 빛의 중심에 귀의하여 모든 이들, 모든 경계들, 이 우주에 있는 모든 유정·무정들이 모두 더 빛나라고 축원하면서 알든 모르든 이 시간에도 계속 빛나는붓을 보낸다. 자기 안에서 자체발광하고 스스로 작동하라고 염원한다. 나는 해피만다라 성지에서 빛나는해피불을 그리며 옴마니반메훔, 빛과 소리로 벼락불 여의주를 굴려서 벼락부자가 되라고 기원한다.

맨 끝에 "만다라성전건립불사대원속성취, 이 도량에 귀의하는 모든 이들 빛의길에 올라 황금문 열고 마음이 원하는 그대로 다 이루어지이다. 감사합니다, 부처님~☆" 하며 기원 또 기원한다. ●

지옥 · 아귀 · 축생 · 아수라 · 인간 · 천상이
내 몸 안에 있다. 어느 것을 가져다 쓰겠는가.
빛과 소리, 마음의 눈을 뜨고,
마음의 소리를 내어 내 안에 있는 중생들이
계속 업그레이드 되는 수행을 해야 한다.
내 몸 안의 중생이 업그레이드되는 만큼
바깥의 돈과 기운과 복이 다 들어온다.
빛을 먹고 계속 새로워지는 것이다.

내 안에 빛나는붓으로 빛을 뿌리며,
그 기운이 유유상종 빛나는 인연을 만들어내고,
그 하나가 업그레이드되면
그 주파수와 통하는 전체가 다 업그레이드된다.

# 3장
## 황금문 열려라

# 빛이 열리고 소리야 터져라



세상에는 다양한 종교가 있다. 종교마다 이야기도 많다. 그리고 그 이 야기들의 상당수는 신통방통한 체험담을 드러낸 것이다. 세상의 모든 것 이 빛으로 이루어져 있고, 빛은 어둠이 있어서 도드라지듯이 종교인의 영 성 체험도 빛과 어둠을 가진다.

천축사에서 기도에 열중할 때였다. 언제부터인가 마음으로 계속 만다 라 성전이 보이고 천상의 소리가 들리곤 했다. 그날도 여느 때와 다름없이 기도에 열중하고 있었는데 마음에서 마치 부처님께서 말씀해 주시듯 은은 하게 소리가 들렸다.

"그 동안 기도 열심히 잘했다. 그 공덕으로 이번에 봉정암을 다녀오면 서 몸으로 하는 기도는 완성이 될 것이다."

봉정암에 다녀오면 완성이 된다는 말씀을 들으면서 크나큰 환희심에 몸이 날아갈 것처럼 가벼워졌다. '봉정암'은 설악산 다섯 봉우리 중 하나인 봉정, 봉황 봉(鳳)자와 정수리 정(頂)자를 써서 '봉황의 정수리'라는 뜻을 가진 곳에 지은 암자이다.

바로 그때 삼천 배를 하면서 기도하던 중이어서 누가 옆에서 톡 건드려 주면 픽 쓰러질 만큼 몸이 피곤했다. 하지만 다음으로 미룰 일이 아니라는 생각이 들었다. 초겨울, 제법 쌀쌀한 날씨였는데, 보살님 몇몇 분에게 함께 봉정암에 다녀오자는 전화를 걸었다.

새벽 일찍 나의 뜬금없는 제안을 받고도 여덟 분이 흔쾌히 받아들여 쉽지 않은 걸음을 해 주셨다. 몸무게가 100킬로그램이 넘어 날씬해지라는 마음을 담아 별명을 붙여준 '날씬이 보살님'을 비롯해서 70세가 넘은 보살님들과 복덕화 보살님 총 아홉 명이 봉정암에 오르기 시작했다.

그런데 물을 흠뻑 먹은 솜뭉치 같던 내 몸이 산행을 시작하면서 점점 가벼워지기 시작했다. 영시암을 지나가는데 비가 솔솔 내리다가 멈추기를 반복하더니 오른쪽 하늘에서 구름 사이로 해가 반짝 나타났다. 누군가 우리를 지켜주고 있는 듯 빛나던 느낌이, 계속 태양빛이 따라다니는 것 같던 기분이 지금도 생생하게 기억난다.

봉정암에 가까워질수록 마음에 뜨거운 감흥이 밀려오면서 단전에서부터 힘이 솟구쳤다. 이 목숨 다해서 올라간다는 깔딱고개를 넘기 위해 할머니들을 당겨주고 밀어주느라 온몸의 기운을 다 쓰면서도 힘이 빠지기는커

넝 에너지가 충전되는 기분이었다.

봉정암에 도착하자마자 법당의 부처님께 참배하고 기도부터 올렸다. 그리고 밖으로 나와서 사리탑으로 갔다. 비가 보슬보슬 내리는 설악산의 운무가 장관이었다. 점심 무렵이었는데 구름이 빛을 가려, 벌써 어둑어둑 날이 지는 것 같았다. 사리탑 주변에는 기암절벽이 병풍을 둘러놓은 것처럼 펼쳐져 있었다. 구름이 발밑에 깔리자 꼭 근두운을 탄 손오공이 된 것 같은 기분이 들었다. 발아래에 양탄자 한 장 펼쳐놓으면 마법의 양탄자로 변신해 하늘로 날아오를 것만 같았다.

눈앞의 절경을 보며 동화속 주인공이 된 것처럼 들떠서 사리탑 앞에서 절을 하고 있을 때였다. 갑자기 로켓이 초음속으로 수직상승할 때 들리는 <u>표효오오오오오오오</u> 콰앙~ 하는 큰 굉음이 내 목에서 터지듯 솟구치며 사방으로 퍼져나갔다. 마치 용광로의 불꽃이 튀는 듯했다.

나는 깜짝 놀라서 주변을 둘러보았지만, 아무것도 없었다. 그렇게 보이지 않는 무언가가 공기를 가르는 굉음이 순간 폭발하면서 팡팡 빛나는 듯했다. 이번에는 폭탄이 터지는 듯 팡~ 하는 폭발음이 들렸다. 가을밤 여의도공원을 뜨겁게 달구는 불꽃놀이 때 듣던 소리를 산꼭대기 봉정암에서 들을 줄은 꿈에도 몰랐다.

인간의 과학기술로 설명하기 힘들 만큼 빠르게 하늘 끝까지 올라가서 고막을 찢을 것 같을 정도로 폭발음을 내뿜는 눈에 보이지 않는 그 무엇, 그것이 진정 무엇이었을까? 순간 나도 모르게 낮은 감탄사를 내뱉었다. '내가 서 있는 곳이 부처님의 목구멍 자리구나. 부처님의 음성이 들리는 자리구나. 그래서 봉정암이 말하는 그대로 이루어지는 도량이라고 하는구나.'라고 생각하며 "부처님, 우리 해피만다라 성지는 부처님 눈의 자리이게 해 주세요! 마음의 눈을 뜨는 빛의 자리이게 해 주세요."라고 외쳤다.

정말 감사했다. 눈으로 보는 깨달음의 세상을 열고자 빛의 성전인 만다라성전 건립의 원을 세우고 정진하던 중 부처님 소리를 들은 최고의 날이었다.

원래는 하룻밤 자고 하산할 작정이었는데 빨리 우리 절에 가고 싶어서 곧바로 돌아왔다. 신도가 운영하는 홍천의 식당에서 밥을 먹고 절에 돌아오니 벌써 저녁 아홉 시가 넘었다.

봉정암에 함께 올랐던 일행과 법화경을 수행하기 위해 절에 있던 법화행자들에게 내가 겪은 일을 말해 주었다.

"기도하던 중 '이번에 봉정암을 다녀오면 몸으로 하는 기도는 완성을 볼 것'이라는 부처님의 말씀을 듣고 동행을 청해서 봉정암에 다녀왔는데, 그곳에서 무언가 수직상승하다가 폭발하는 소리를 듣는 이상한 경험을 했다."고 내가 체험한 그대로 전했다. 그런데 신기하게도 폭발음이 들릴 때 함께 있었던 사람들 중에 그런 소리를 들은 사람은 나 외에는 아무도 없었다.

그런데 법련화 보살이 뭔가를 알아챈 듯 손뼉을 탁 치며 떨리는 목소리

_ 빛의 길에 오르다

로 말했다.

"스님, 이제 됐습니다."

"뭐가 말입니까?"

"스님은 봉황의 울음소리를 들으셨습니다. 전 평생 봉황의 울음소리를 들었다는 이야기는 처음 듣습니다. 봉황은 평생 한 번 운다는데 그 소리를 들었으니 이제 성불하셨습니다."

법련화 보살은 전생에 대전상궁이었던 것처럼 느껴지는 분이다. 그녀는 특별히 깊이 공부하지 않아도 불법은 물론 나라의 각종 법도에 관해 모르는 것이 없었다. 그녀의 말을 듣고 보니 오묘했다. 몸으로 하는 기도의 완성을 보기 위해 부처님 음성을 따라 길을 나섰고, 봉황의 정수리를 뜻하는 봉정암 사리탑 앞에서 봉황의 비상하는 소리와 폭발하는 빛의 소리를 들었던 것이다. 전설에 따르면, 봉황은 평생 딱 한 번 운다고 하는데, 그 울음소리를 들었다고 생각하니 벅찬 감동에 몸이 뜨거워지면서 "부처님, 감사합니다, 감사합니다." 하는 기도가 저절로 나왔다.

구름을 밟고 서 있던 사리탑 앞에서 나는 세상이 터지는 소리를 들었다. 나의 소리가 터진 것이다. 또한 봉정암이 부처님의 신체 중 소리에 해당하는 자리라는 것을 알게 되었다. 그곳에서 봉황의 울음소리를 들은 나는 "해피만다라 성전은 소리가 터지고 빛이 터져서 말하는 대로 보는 대로 마음이 원하는 그대로 다 이루어지이다."라고 부처님께 발원 또 발원했다. 말하는 그대로 다 이루어지는 곳이기를 기도하고 또 기도했다.

"부처님, 해피만다라 성전이 부처님 소리가 터지고 빛이 티지는 도량이 될 수 있도록 해 주세요. 이곳을 찾는 수많은 신도들에게 부처님의 말씀이 들리고 모습이 보이게 해 주세요."

## 듣고 보는 만큼 세상이 열린다

그 당시 나는 해피만다라 성지를 일구기 위해 동분서주하고 있었다. 여러 고마운 분들의 도움으로 빛나는 땅은 마련했지만 건물이라고는 고작 컨테이너 한 동이 전부였다.

봉정암에서 봉황의 울음소리, 빛의 소리를 들은 후 해피만다라 성전이 모습을 갖추기 시작했다. 감사한 인연이 이어지면서 내가 전하고자 하는 부처님 말씀에 귀 기울여 주는 신도들이 점점 더 늘어났다. 홍천에 위치한 여래사에 홍천에 사는 신도보다 외지에서 찾아오는 신도들이 훨씬 많아진 것도 이 무렵의 일이다. 여래사를 찾아오는 신도들이 터미널에서 택시를 많이 이용하기 때문에 홍천 시내의 택시기사들이 신나 했다.

신기한 일은 또 있다. 나는 원래 어려서부터 목소리가 컸다. 어머니께서는 무슨 말을 해도 씩씩하게 큰 소리로 말하는 내게 "여자 애가 기차 화통을 삶아 먹은 사람 같다."고 핀잔을 주곤 했다. 그렇게 가뜩이나 큰 목소리가 봉황의 울음소리를 들은 후로 더 커지고 톤도 달라졌다. 동휘 스님만의 목소리, 독특한 기도의 목소리가 만들어진 것이다. 열려라~~~ 참깨. 옴마니반메훔. 옴리제미제기사은제지바르타리스바하.

봉정암이 부처님 신체 중 목소리를 내는 '목'에 해당한다면 해피만다라 성지인 여래사는 부처님 신체 중 '눈'에 해당하는 도량이다. 사람은 원래 보는 대로 이루어진다. 오래 전부터 동·서양을 막론하고 귀한 자식이 태어나면 가산을 팔아 멀리 유학을 보내 많은 것을 보고 배울 수 있도록 했다. 백문이 불여일견인 법, 보는 만큼 세상이 열린다.


관세음보살은 이 세상의 빛과 소리를 주관하는 보살이다. 그래서 이름도 볼 관(觀), 소리 음(音), 세상 세(世) 자를 써서 '세상의 모든 소리를 본다'는 뜻을 갖고 있다. 빛을 듣고 소리를 보는 것이다. 빛과 소리의 주파수에 따라 복이 들어오기도 하고 나가기도 한다. 운명도 바뀐다. 수행은 이런 원리를 깨달아 빛과 소리를 점점 업그레이드시키는 것이다.

너무 피곤해서 모닝콜 소리도 듣지 못하고 자고 있는데, 누군가 내 귓가에 와서 "스님" 하고 불렀다. 새벽 예불 시간에 늦을까봐 빛을 통해 나를 통해 나에게 "스님" 하고 부른 것이다.

강란자 회장님! 그 보살님은 처음 만나는 순간부터 나를 부처님으로 보았다. 그분은 공평갤러리에서 있었던 '우주의 중심 코스모스만다라 대전' 전시회 중에 만난 보살님이다. 신심도 깊고 공부도 열심이어서 만다라 대학 5기부터 지금 8기까지 계속 공부하고 계시는데, "빛의 공부가 끝이 있나요. 계속 부처님 따라 빛의 길에 올라 계속 업그레이드 되고 새로워져야 하니까요…"라고 말씀하시는 분이다.

그분은 이미 다 알고 있었다. 대부분의 사람들은 우리 절에 오셔서 불사할 일이 많은 것을 보고 돈 들어갈 걱정부터 하는데, 이 보살님은 모든 것이 부처님으로 보이는 분이다. 부처님은 뭐든지 OK, 다 이루어지는 경지인 것처럼, 그래서 모든 일이 척척 다 이루어지는 보살님이시다.

무엇을 어떻게 보는가? 부처님을 향해, 빛을 향해 안테나를 세우고 부처님의 소리를 듣고 부처님 눈을 뜨자.

"스님, 사실 모든 것이 일로 보이고 돈 들어가는 것으로 보였으면 저도 이렇게 못 왔을지 몰라요. 그냥 스님만 보였어요. 부처님만 보이고 빛이 보였어요."

그렇다. 이 보살님의 말씀처럼 그렇게 부처님으로 보고 부처님의 빛을 따라 빛을 향해 가는 동안 그 에너지로 모든

_인사동, 옴 퍼포먼스

것이 다 성취되어지는 것이다.

나의 몸이 빛나는 부처이다. 마음의 눈을 뜨고 세상을 부처로 바라보자. 귀가 열려 부처의 말을 듣고 부처와 같이 축복의 말을 하면 이 세상이 온통 빛나는 부처를 만드는 도량임을 알 수 있다. 우리 모두 이미 부처이다. 빛나는 생각·말·몸으로 빛나는 행을 하자. 우리의 모든 행을 빛나는 수행으로 업그레이드시켜 이 세상을 새롭게 하자.

# 빛나라 대한민국

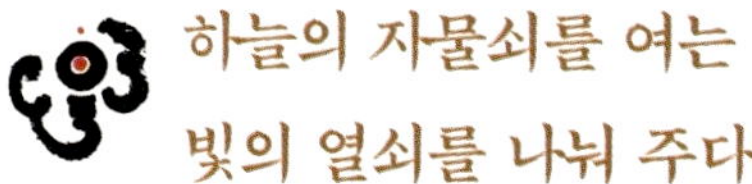



'열려라 대한민국'이라는 제목으로 금광명경호국대법회를 열었다. 2014년 10월 25일의 일이다. 나는 행사를 주하는 곳이 '빛의 성지 황금 만다라 산 여래사'임을 확실히 명시했다. 여래사를 꽉 채울 정도로 많은 신도들이 찾아와서 하루 밤낮을 꼬박 기도와 함께 보냈다.

이런 대규모 법회를 열게 된 것도 기도 중에 들은 부처님 말씀 때문이었다. 진언이 하늘에서 들렸다.

"옴리제미제기사은제지바르타리스바하, 빛의 대동맥이 뚫린다."

옴리제미제기사은제지바르타리스바하. 이 진언은 비로자나 부처님의

— 열려라 대한민국

진언으로 대광명불(大光明佛)이 세상을 축복하는 소리이자 빛의 문을 여는 암호이다. 그동안 끊임없는 기도 속에 행사를 거듭하며 사람들에게 부처님의 진리와 옴, 만다라를 알리기 위한 일을 끝없이 해 왔다. 기도대법회와 해피만다라 축제와 전시회, 옴 퍼포먼스 등을 여러 차례 개최했다. 우리나라 방방곡곡은 물론이고 미국과 네팔에서도 행사를 했다. 목소리가 갈라져서 힘들어도 수없이 법회를 열고 혹은 전화기 너머로 해피만다라 이야기를 했다.

하지만 이번은 그 어느 때보다도 더 절실했다. 부처님의 확실한 음성을 들었기에 더 강한 사명감을 느꼈다. '열려라~~~ 대한민국.' 우리나라가 빛의 중심임을 알리고 그 빛의 게이트가 확실히 열리는 날임을 알리고 싶었다. 우리 모두가 빛나는 나라의 중심에서 함께 세상을 행복하게 하는 빛나는 스타라는 사실을 깨닫게 하고 싶은 마음이었다. 그래서 최대한 많은 불자들이 여래사에 모이게 할 작정이었다.

여래사에 오면 신도들은 평소보다 훨씬 더 강하게 빛과 소리에 대해 의식한다. 빛의 성지에 모인 사람들에게 평소 말하는 것, 생각하는 것, 행하는 것이 모여 자신을 형성하고 운명을 만들어간다는 진리를 강조하면서 하늘의 자물쇠를 여는 빛의 열쇠를 나눠 줘야 한다는 사명감이 밀려왔다.

어느 날 하늘이 자물쇠로 가득 찬 것이 보였다. '열려라 대한민국' 소리를 듣는 날, 온통 하늘이 자물쇠로 가득한 것이었다. '열려라 대한민국'이라는 법회는 그렇게 이뤄진 것이다. 알리바바가 '열려라 참깨'를 외치자

거대한 바위가 움직이며 스스로 문을 만들었듯이 나도 '열려라 대한민국'을 함께 외치며 모두의 힘을 모아 대한민국을 가로막고 있는 모든 장애를 걷어내고 미래로 가는 빛나는 문을 열고 싶었다.

대한민국 전역에 빛의 열쇠를 뿌리기 위해 기도하면서 해피불 옴을 그려 모두에게 나눠 주었다. 그리고 우리 모두 빛의 진언 옴마니반메훔, 옴리제미제기사은제지바르타리스바하를 염송하는데 도량이 빛의 소리로 가득하여 '세존좌도량 비여천일출(世尊坐道場 比如千日出)', 천 개의 태양이 비추는 것 같았다.

열렸다, 대한민국. 우리 스스로 잠그고 있는 자물쇠를 빛으로 열었다. 너무도 감사했다. 우주법계를 여는 황금문을 여는 비밀진언, 옴리제미제기사은제지바르타리스바하. 이 진언은 어둠을 지우고 그 자리를 빛나게 하는 무엇이든 열리는 암호이다. 입으로 계속 염송하자. 자기 소리가 되면 열린다. 빛나는 길이 생긴다.

앞으로도 이런 법회를 통해 깨달음의 빛으로 가득한 더 새로운 대한민국을 위해 기도할 것이다. 스스로 만든 자물쇠를 열고 원을 성취시키는 빛나는 법회, 모든 사람들이 이 빛나는 시간들을 함께 해서 무엇이든 열리는 열쇠, 빛나는해피불로 탄생하길 기원한다. 독자들은 빛의 성지에서 열리는 법회에 참석해 열쇠를 받아 스스로 빛의 길을 열어가길 바란다. 불문은 깊고 넓어서 누구든 환영한다.

# 구화산의 황금자물쇠

열려라, 황금문~
나는 빛으로 문을 여는 스님

2014년은 갑오년(甲午年)으로 말(午)의 해이다. 오(午)는 화(火)를 상징한다. '불의 해'이자 '빛의 해'여서 빛을 성취하기에 적기이다. 빛을 상징하는 숫자는 9와 관련이 있다. 이름에 구수가 들어가는 아홉이 빛나는 구화산(九華山)을 한번 다녀와야겠다고 생각하고 있는데 불교방송의 구기범 국장님으로부터 전화가 왔다.

"구화산 성지순례 안 갈랍니까?"

마음이 원하는 그대로 이루어지는 수많은 체험담이 하나 더 늘어나는 순간이었다. 내가 먼저 제안하고 싶은 참에 거절할 이유가 없었다. 나는 그 자리에서 바로 구화산행을 결정했다. 때마침 구화산의 99미터 지장대불이 완성되었다는 소식을 들었기에 더욱 가고 싶었던 것이다. 지장보살은 산 자와 죽은 자를 관장한다. 게다가 구화산은 신라 김교각 스님과 관련이 있는 곳이다.

신라 김교각 스님이 중국에 건너가 절을 지으려고 하는데 땅이 필요하였다. 한 부자를 찾아가 땅을 달라고 요청했다. 부자가 땅이 얼마나 필요하냐고 물었고, 김교각 스님은 입고 있는 가사를 펼친 만큼 달라고 했다. 부자는 속으로 비웃었다. 가사를 펼친 크기의 작은 땅에 무슨 절을 짓는단 말인가. 부자가 흔쾌히 그러겠다고 약속하자 김교각 스님이 가사를 펼쳤다. 그런데 가사는 끝도 없이 늘어나더니 이내 9만 9천봉을 다 뒤덮어 버렸다. 가사는 빛의 옷이어서 끝없이 넓힐 수 있는 것이다. 그곳이 오늘날의 구화산이다. 구화산은 빛으로 넓힌 산이다.

새벽 6시 30분에 모여서 인원을 파악하고 구화산 성지순례 길을 나섰다. 만다라 법륜대학에서 공부하는 보살님 등 26명이 동행했다. 국내에도 할 일이 산처럼 쌓여 있고 책도 써야 하는 상황이었지만, 나는 한번 해야겠다고 하면 무슨 일이든 그 즉시 하는 성격이다. '고스톱'이라고 불리는 놀이의 룰은 잘 모르지만, 만약 그 놀이를 하면 무조건 '고'만 외쳤을 것이다.

_구회산 성지 지장왕보살님

중국 상하이 공항에 도착해 먼저 한산사라는 절에 들렀다. 한산사는 중국의 고승인 한산 스님을 모신 절이다. 평소 친분이 두터운 신도 두 분이 마음으로 보였다. 대덕 보살님과 동우리 빌딩의 조수정 회장님이 그 주인공들이다. 서울에서 엘리베이터에서 내리는 모습을 보고 나도 모르게 깜짝 놀라며 외쳤다.

"와, 한산과 습득이다."

전에도 이번에도 똑같은 걸 느꼈다. 수행을 하면 보이지 않는 것이 보이고 들리지 않는 것이 들린다. 전생이 보인다. 부처님 생각만 하고 살면 부처님이 보이고 들리는 것이다. 한산사에서 그 두 분의 모습을 또 보다니 신기해하며 참배를 마쳤다.

호텔로 돌아가 하룻밤을 자고 88미터 높이의 무석 영산대불을 친견하러 가려고 일찍 채비를 하고 있었다. 새벽에 보살님 한 분이 급하게 방문을 두드리더니 팔다리에 힘이 없다며 통증을 호소했다. 새벽 세 시부터 그랬다는데 처음에는 심각성을 몰랐다가 몸이 너무 힘들어지자 나를 찾아온 것이다.

살펴보니, 피가 막히는 혈전 증상이 보였다. 급하게 침을 찾았지만 비행기를 탈 때 칼이나 침 등 뾰족한 물건은 소지할 수 없기 때문에 발을 동동 구르다가 겨우 구했다. 손과 머리에 사혈을 하고 '열려라, 옴마니반메훔 옴리제미제기사은제지바르타리스바하'를 외우며 보살님의 막힌 곳이 뚫어지라고 기도했다. 응급처치를 하고 바로 병원으로 모시고 가는데 같이 온 도반이 보호자로 따라갔다.

한바탕 소란을 치르고 나서 생각해 보니 빛을 찾아서 떠나는 성지순례에서 갑자기 아픈 사람이 생긴 것이다. 그 사람을 병원에 데려가기 위해 자기는 아프지도 않은데 동행해야 하는 사람들은 동업중생(同業衆生)인가?

업에 이끌려서 병원으로 가게 되어 아프지 않은 사람도 함께 업장소멸을 하는 것이었다. 기도와 수행의 일환으로 빛을 찾아온 길에서 어둠을 만난 셈인데, 빛은 원래 어둠을 가져다 쓴다. 우리가 모습을 볼 수 있는 것은 빛과 어둠이 있기 때문이다. 그 보살도 무엇인가 어두운 업장을 소멸을 하기 위해, 우리와 함께 성지순례를 온 것이리라.

나머지 일행들은 가이드와 함께 예정대로 영산대불을 친견하러 떠났다. 영산대불은 무량광불(無量光佛), 즉 빛의 부처님이다. 700톤의 청동을 부어 만들어낸 불상의 모습은 짧은 글재주로 표현하기 힘들 만큼 감동적이었다. 부처님 발가락 하나가 내 몸의 몇 배 크기였는데 부처님의 모습을 웅장하게 표현해 놓은 장관을 보고 처음엔 감탄사만 연발했다.

그리고 잠시 마음을 다스리고 주위를 살펴보다가 중국은 전 세계에서 눈의 자리에 해당한다는 것을 다시 느꼈다. 빛나는 중심, 그래서 중화민국(中華民國)이라 하는가 보다. 한편 우리나라는 눈동자 속의 초점에 해당한다는 것을 알았다. 중심 가운데 중심인 것이다. 눈은 인체의 중심이고 모든 것이 들어오는 관문이다. 크고 넓고 강하다. 하지만 가장 중요한 것은 그 중심의 한가운데에 있는 눈동자 속의 초점이다. 진짜 중요한 것은 빛이 나오는 곳, 빛나는 중심인 것이다.

나는 영산대불을 보면서 세상을 행복하게 하는 깨달음의 빛이 탄생하

— 빛나는 말

는 우리 대한민국과 우리나라 부처님 상이 떠올랐다. 크기는 작아도 섬세하고 아름답다. 중국대륙은 땅도 크고 불상도 크고 단순하다. 하지만 우리나라는 땅은 작아도 모든 것이 섬세하다. 하나하나가 반짝반짝 보석같이 빛나는 느낌이다.

석가모니 부처님이 탄생할 때 아홉 마리의 용이 물을 뿜어내며 목욕을 시켰다는 구룡토수(九龍吐水)의 일화를 형상화한 자리에서 기도를 드리고 숙소로 돌아왔다.


다음날 구만구천봉 구화산에 올랐다. 구화산 육신보전에는 김교각 스님을 지장보살님의 화신불로 모시고 있는데 그곳으로 올라가는 산길에, 옆에, 나무들에, 눈에 보이는 곳마다 자물쇠를 걸어 놓은 것이다. 이게 무슨 일인가? 깜짝 놀랐다.

무엇이든 열리는 자리, 그것이 부처님이다. 그래서 나는 '열려라 대한민국'을 외치며 대법회를 하고 왔는데, 여기서 자물쇠를 만나다니 요즘 젊은 이들이 사랑을 묶어놓는 자물쇠를 파는 것처럼 보여서 정말 안타까웠다. 아무리 돈벌이라도 서로를 묶어놓는 자물쇠는 아니라는 생각이 들었다. 자유롭게 빛으로 통하는 게 사랑이다. 집착하는 순간 자물쇠가 만들어진다. 그런 집착의 자물쇠를 푸는 종교인 구화산에 평생 살고 있다는 요정 같은 모습의 가이드는 열정적으로 구화산에 대해 설명해 주었다. 김교각 스님이 99세에 입적하신 후에 등신불을 만들어 항아리 속에 스님을 모신 다음 몇 년 후에 열어보니 온 산에 향냄새가 진동하며 황금자물쇠 소리가 들렸다는 설명이었다.

그 순간 나는 깜짝 놀랐다. 한 번에 사방의 막힌 곳이 뚫리고 잠긴 곳이 열리는 뜨거운 느낌을 받았다. '아, 이것이었구나. 열려라 하늘금고.' 지장보살님의 본원은 '지옥문이 다 열리기 전에는 절대 성불하지 않으리라'였다. 내가 빛나는해피불, 옴의 열쇠로 이렇게 열게 되는 시절 인연이라니…….

나는 지금까지 빛의 열쇠인 옴, 빛을 뿌리는 스님으로 만다라 행사와 법회를 주관해 왔다. 빛으로 만들어진 열쇠, 부처님이 주신 빛나는 선물, 해피불을 세상에 나투는 일을 하면서 그 상징적 기호가 바로 옴이라고 늘 말해 왔다. 게다가 '열려라 대한민국', '해피뉴코리아, 해피뉴월드' 원을 세우고 정진하고 있는 상황이었다. 그런 일을 하고 그런 원력을 가지고 정진하는 내가 온통 자물쇠로 뒤덮인 구화산에 온 이유를 알게 되었다.

# 무엇이든 열리는 열쇠~ 해피불 옴

나는 눈에 보이는 수많은 자물쇠를 바라보면서 '내가 가진 빛의 열쇠, 해피불로 모두 열려라~~~ 옴리제미제기사은제지바르타리스바하.' 기도를 올렸다.

이번 갑오년 윤구월이 127년 만에 온 윤구월이라 하는데 내가 중국 구화산 99미터 지장왕보살님 앞에서 천도재를 올리게 된 것이다. 현지인들은 구화산의 99미터 부처님 앞에서 올리는 천도재는 처음이라며 놀라워했다.

『금광명경』을 독송하는데, 구름 한 점 없던 하늘에 수많은 영가들이 몰려오는 것처럼 구름이 모여 들더니 기도가 끝날 무렵 구름이 양쪽으로 갈라지면서 빛의 길을 내는 것이었다.

모두가 느꼈다. "옴마니반메훔. 옴리제미제기사은제지바르타리스바하. 열려라, 해피뉴코리아, 해피뉴차이나. 산 자와 죽은 자 모두 빛의 길에 올라 황금문을 열고 마음이 원하는 그대로 다 이루어지이다."

천 년 전 신라 시대 김교각 스님이 지장보살의 화신불이 되어 지옥문이 열리기 전까지는 성불하지 않겠다는 원을 이제야 풀게 된 것이다.

이제 성불의 시대다. 모두 해탈성불~~~ 그래서 세상을 빛나게 하는 깨달음, 빛의 시대가 열린 것이다. 나는 구화산에서 빛의 열쇠로 자물쇠를 다 따고 황금문을 열었다.

## 모두의 업장을 축소해서
## 몸으로 소멸시키다

황산에 올라가려고 100명이 한꺼번에 들어가는 케이블카를 탔는데, 워낙 커서 비행기로 착각할 정도였다. 케이블카 안에서 관음회 회장인 조남연 보살이 산 아래에서 구입한 지팡이를 뒤로 젖히다가 실수로 내 눈을 찔렀다. 안경이 깨질 정도의 충격은 아니었지만 그 순간 나는 눈에서 뭔가가 팍 터지는 느낌을 받았다.

평소 홍천의 만다라 성지가 관음의 눈, 부처님 눈의 자리이게 해 달라고 기도하던 터였다. 중국은 부처님의 눈 주위이고 한국은 그 중심인 눈의 초점이라고 막 생각하던 차에 관음회장의 지팡이에 맞았으니 참으로 신기했다. 마치 심안(心眼)이 떠지는 것 같은 기분에 아프지도 않았다. 산을 오르기 전 '황산에서 터지게 해 주세요.'라고 기도를 했었는데 이 무슨 인연인가 싶었다.

한동안 기도에 정진하다 오랜만에 낯선 땅에서 산행을 거듭한 탓에 다리가 아팠다. 발바닥에 파스를 붙이면 좋다기에 붙여 두었다. 호텔에 돌아와 샤워하기 전에 파스를 뗐는데 오른쪽 발바닥의 살이 파스와 함께 묻어나와 발바닥 전체의 피부가 다 벗겨져 버렸다. 피가 철철 흘러 휴지를 둘둘 감는 등 한바탕 난리가 벌어졌다. 삭발하면서 귀를 베이기도 했다. 중

 — 마하만다라 꽃비를 맞으며

국으로 떠나기 직전에 차문짝에 손가락이 찍혀 까만 피멍이 들기도 했다. 그런데 이상하게 아프지 않았다.

한국에 도착하자 관음회 총무인 일화 보살님이 서교동에 밥집을 예약해 놨다고 우리 일행을 데려 갔다. 남편분이 큰 관광회사 회장님이어서 사고 없이 사업이 잘 되시기를 기도 축원해 주었다.

식당에 올라가려고 엘리베이터에 탄 순간 또 손을 베였다. 나는 피가 나는 줄 몰랐는데, 식당에서 자리를 잡은 후에 직원이 찾아와 사방에 피를 묻혀 놓으면 어떻게 하느냐고 핀잔을 주는 바람에 다친 것을 알았다. 식당의 마루와 벽에 피가 흥건했다. 전혀 아프지 않아서 몰랐다.

중국에서 머리가 아파 병원에 간 신도, 내가 당한 눈·발·손·귀의 부상 등을 생각하면 모두의 업장을 축소해서 몸으로 소멸시켰음을 직감했다. 식당 엘리베이터에서 손을 베인 것은 자동차 사고에 대한 업장을 축소해서 소멸시킨 것이리라. 신기한 것은 그 모든 상처에서 피가 났는데도 전혀 통증이 없다는 것이다.

## 사방의 막힌 곳이 뚫리고
## 자물쇠가 풀리면서 빛의 길이 열리다

중국으로 성지순례를 다녀오면서 많은 일을 겪었다. 그리고 그 후로 기쁜 소식을 담은 전화가 평소보다 확연히 늘었다.

"선을 봤는데 상대가 아주 적극적이에요. 우리 딸이 이번엔 시집갈 거 같아요."

"수술 날짜를 잡았는데, 스님이 꿈에서 수술을 안 해도 된다 하셨어요. 혹시나 해서 병원에 가서 검진을 받아보니 진짜 혹이 없어졌대요. 수술 안 받아도 된대요."

"아들이 대학에 합격했어요."

"승진했어요."

"집 나간 부인이 3년 만에 돌아왔어요."

"회사를 인수했어요."

"안 팔려서 골칫덩어리였던 가게를 팔았어요. 고맙습니다."

"갑자기 어머님 다리가 안 아프시데요."

꿈에서 나를 봤다며 전화한 신도 한 분은 결혼 날짜를 받으러 찾아와 이렇게 말했다.

"7년간 교제한 연인을 아버지가 줄기차게 반대했는데 허락이 떨어져서 결혼 날짜를 받으러 왔어요. 꿈에 스님이 나온 직후였어요."

―힐 옴, 몰래카메라

“애 아빠가 담배를 끊었어요. 사람도 달라졌어요.”

“아이가 달라졌어요.”

“스님, 술도 안 먹어요.”


날마다 24시간 누워서 계속 먹기만 하는 분이 있었다. 잠도 자지 않고 먹기만 해서 본인은 물론이고 온 가족이 너무나 힘들어 했다. 그래서 기도란 기도는 안 해 본 기도가 없는 분인데 나와 인연이 되어 천도하고 해탈 기도를 하였다. 그런데 이번 입춘 기도  때 두 부부가 함께 오셨다. 기적이었다. 정말 감사해서 더욱 간절히 기도했다.

안 팔리던 집이 팔리고, 애타게 기다리던 받을 돈이 들어왔다는 이야기가 넘쳐 났다. 남들이 서로 가고 싶어 하고 자식을 보내고 싶어 하는 명문 대학에 합격되고, 입찰이 되고, 아이가 생기고, 꿈에 원하던 집을 샀다는 기쁨의 전화가 여러 곳에서 계속 걸려온다. 다 열려서 해피뉴코리아라고.

사순 씨가 말하길, 스님이 꿈에 나타나 정확하게 날짜까지 말씀하시면서, “걱정 마라, 인찬이 내년 2월 7일에 결혼한다.”라고 했다면서 좋은 소식 있으면 좋겠다고 했다. 39살 깐깐한 노총각이 이번에 정말 2월 7일 아름다운 신부를 맞아 결혼했다.

사방의 막힌 곳이 뚫리고 자물쇠가 풀리면서 빛의 길이 열리고 있다. 참으로 감사한 일이다. 나는 ‘오직 기도뿐이구나’라고 생각하며 수행에 더욱 정진하길 바랄 뿐이다.

# 빛을 쏘며 빛나는해피불

## 마음이 원하는 그대로 이루어지네
## 빛나는해피불

김명성 회장의 인사동 아라아트 갤러리에서 '빛을 쏘다'라는 주제로 전시행사를 하게 되었다. 세상을 향해 빛을 쏘며 빛나는해피불, 옴 그림을 통해 우리 모두가 이미 세상을 행복하게 하는 스타임을 깨달아 그 빛을 사용하자는 행사였다. 나는 인사동의 지인들을 만나 함께 커피를 마시자고 제안했다.

"인사동에서 옴 퍼포먼스를 합시다."

그렇게 인사동 길에 108미터 천을 깔고 천 위에 빛을 쏘는 행사로 큰 빗자루 같은 붓을 들고 옴 퍼포먼스를 하게 되었다. 인사동이라 하면, 어질 인(仁) 자에 절 사(寺) 자, 그 이름 그대로 제일 큰 절이다. 조선시대 도성 내 3대 사찰의 하나로 번창했던 원각사라는 절이 있었던 곳도 인사동이다.

한국 문화를 상징하는 인사동은 이미 국제적인 거리이다. 뉴욕에서 퍼포먼스를 했듯이 한국에서는 인사동에서 세상을 향해 빛을 쏘는 퍼포먼스를 하기로 한 것이다.

아주 멋진 거사님이 인사동에 108미터 천을 펴는 것부터 공연을 시작하였다. 나는 안국동 방향에 서서 인사동 안쪽을 바라보며 만트라(진언을 하는 것)로 세상을 축복하였다.

양 옆으로 인사동을 찾은 인파가 수를 헤아릴 수 없을 정도로 모여 들었고 외국 사람들도 같이 어울렸다. 어떤 분들이 장미꽃을 나눠주기 시작했다. 수많은 사람들이 모두 장미꽃을 들었다.

내가 붓으로 금빛, 은빛, 태극의 빛, 파랑색, 빨강색을 통해 그림을 그리자 둥글둥글 태극이 빛나고 태양이 빛났다. 우리나라가 해피뉴코리아, 해피뉴월드가 되는 새로운 빛을 축복하는 그 흐름을 보고 많은 사람들이 함께 즐거워하며 감격했다.

108미터 그림을 다 그린 후 수많은 사람들이 한 손에는 108미터 그림을 들고 한 손에는 장미꽃을 들고 인사동을 돌았다. 종로를 돌고 조계사 앞을 돌아서 다시 인사동으로 들어와 아라아트 갤러리 오프닝 행사장에 도착했다. 그때 울려 퍼진 노래가 '빛나는해피불'이었다.


마하만다라 꽃비를 맞으며 빛나는 수행자 길을 갈래.
빛을 먹고 빛나는해피불.

빛을 쏘며 세상을 빛나게 하네. 세상을 행복하게 하네.

깨달음의 별 빛나는해피불.

마음이 원하는 그대로 이루어지네. 빛나는해피불, 빛나는해피불.

마음이 원하는 그대로 이루어지네. 빛나는해피불, 빛나는해피불.


마하만다라 옴이 비추는 세상. 빛나는수행자 길을 갈래.

빛을 먹고 빛나는해피불.

해피코리아, 해피월드, 새로운 세상 찬란한 뉴월드.

깨달음의 별 빛나는해피불.

마음이 원하는 그대로 이루어지네. 빛나는해피불 빛나는해피불.

마음이 원하는 그대로 이루어지네. 빛나는해피불 빛나는해피불.

마음이 원하는 그대로 이루어지네. 빛나는해피불 빛나는해피불.

빛나는해피불, 빛나는해피불.


빛나는해피불 노랫소리가 종로구 인사동에 울려 퍼지면서 모두가 대축
제의 길, 빛의 길을 열었다. 한국 사람들뿐만 아니라 외국 사람들도 빛나
는해피불을 따라 부르며 동참했다. 아라아트 갤러리 앞에서 수많은 인파
와 함께 테이프 커팅을 하고 전시장으로 들어갔다.

아라아트 갤러리는 아주 멋진 유리로 만들어진 신축 건물이었다. 건물
내부 인테리어도 매우 훌륭하였다. 보름 동안의 행사였는데, 뜻있는 전시

_ 인사동, 아라아트 갤러리

― 인사동, 옴 퍼포먼스

178

회라고 하시며 김명성 회장이 큰 배려를 해 줘서 한 달 더 연장하게 되었다. 초파일을 앞두고 있는 시간이어서 더 많은 사람들이 함께 할 수 있게 되어 정말 감사했다. 김명성, 그의 이름처럼 이 건물이 한국을 빛나게 하고 새롭게 하는 빛의 갤러리가 되게 해 달라고 기도하였다. 이곳을 문화 행사를 위한 공간으로 계속 사용하면서 빛을 뿌리는 일을 통해 모두를 성공시키고 싶다. 모두가 빛나게…….

이제는 문화의 시대, 빛의 시대이다. 이제 적극적으로 우리나라 대한민국이 세계를 행복하게 하는 빛의 발상지임을 알려야 할 때다. 깨달음의 빛이 탄생하는 곳, 해피뉴코리아. 해피뉴월드. 우리나라 태극의 빛이 바로 모든 것을 창조하는 새로움의 빛임을 알리기 위해 나는 오늘도 태극의 빛 중심에서 기도로 황금문을 열고 있다.

# 빛나는 소나무

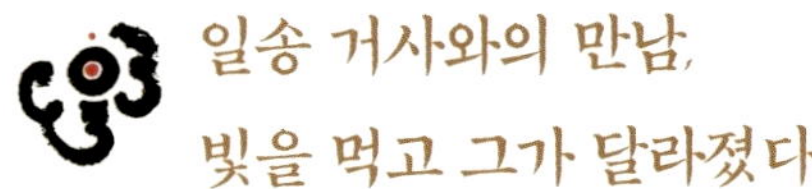

## 일송 거사와의 만남,
## 빛을 먹고 그가 달라졌다

우리 절에 어느 날 한 일(一) 소나무 송(松)을 법명으로 쓰는 일송 거사가 찾아왔다. 그와는 홍천 천축사에서부터 인연이 되었다. 홍천이 고향인 그는 인상이 좋아서 처음부터 친근하게 다가왔다. 서울에서 사업을 하고, 대명스키장에서는 정상휴게소를 경영하고, 자기 이름의 주유소와 밤벌 유원지도 운영하며 멋진 카페도 가진, 홍천에서 보기 힘든 외제 오픈카도 타면서 신나게 살았던 사람이다.

하지만 갑자기 부도에, 교통사고에 살아 있는 것이 신기할 정도로 엄청난 시련을 겪었다. 그 뒤로 다시 소박하게 음료수 대리점을 시작하면서 나에게 행사 때마다 항상 푸짐한 음료수를 후원해 주었다.

스키면 스키, 수영이면 수영, 잠수면 잠수, 수상 스키에 낚시 등 하늘을 날고 땅에서 달리고 바다를 누비는 사람이었다. 강에서는 많은 사람들의 인명을 구조하고, 산불조심을 알리는 명예소방관 일도 한다. 설악산에서 산악 구조대원 활동도 하고, 봉정암에 가서 절일을 돕는 등 그는 가는 곳마다 복을 짓고 봉사를 하며 행복하게 살아가는 정말 해피한 사람이었다.

그런데 어느 날 그가 사람들에게 말하는 것을 들었는데, "계획하는 대로 절대 살아지지 않는 것이 인생이더라고요." 하며 아주 강하게 강조하며 말하는 것이었다. 나는 그의 말을 듣고 깜짝 놀랐다. 순간 '어떻게 하지. 뭐든지 잘 하는 사람인데' 하는 걱정이 앞섰다. 그 생각, 그 말, 그것이 문제였다. 미리 안 된다고 하는 것, 그것 때문에 그가 원하는 대로 안 되는 듯해서 안타까웠다. 그 뒤로도 볼 때마다 그가 사람들에게 "인생은 절대 계획대로 살아지는 것이 아니라 인연 따라 사는 것이다."라고 말하는 것을 들었다.


어찌 보면 꽤 깨달은 듯하고 한 차원 높아져서 세속의 욕망을 내려놓고 사는 것처럼 보이지만, 나는 그에게 말하지도 못하면서 안타까울 뿐이었다. 내가 이런저런 말을 해 주면 자기 생각에 단호한 확신을 가진 그와 거리가 생길 것 같아 기다렸다.

그런 일송 거사가 어느 날 절에 왔다. 나는 마침 그를 변화시킬 절호의 기회를 얻은 듯 그에게 한 그루 소나무를 뜻하는 일송(一松)을 빛나는 소나무 일송(日松)으로 바꾸자고 제안했다. 그 말처음부터 빛나는 곳에 코드를 꽂아야 일이 되고 빛이 난다. 처음부터 안 되는 말을 하면 안 되는 현실이 온다. 같은 에너지끼리 합류되는 아주 지극히 간단한 원리가 우리의 운명을 결정하고 있는 것이다. 처음부터 빛의 줄에 서는 것이 빛나는 지름길이다. 예부터 줄을 잘 서야 한다 하지 않았던가.

아무리 노력을 하고 돈이 있고 멋이 있어도 지금 이 순간 빛의 길에 오르지 않으면 희망이 없다. 왜냐하면 시간은 계속 흐르기 때문이다. '계속 변한다'가 답이다. 다만 '어느 쪽으로 변하는가'가 문제인 것이다. 계속 업그레이드하지 않으면, 밝은 쪽으로 변하지 않으면 이미 퇴보하는 것과 같다. 시간의 수레바퀴에서 우리 모두는 밝은 빛의 코드를 꽂고 빛을 먹고 매 순간 업그레이드해야 한다. 그것이 사람, 돈, 사랑, 건강, 자손, 미래와 내세를 결정한다. 왜냐하면 같은 기운끼리 만나는 게 자연의 이치이기 때문이다.


얼마 전까지 속초에서 배를 타며 선장으로 일하던 그가 나타났다. 평소 "스님 따라서 히말라야에 가고 싶어요."라고 했던 그에게 나는 "우선 구화

_뉴 히말라야

산부터 가보자."라고 말해 주었다.

그래서 그가 우리와 함께 중국 구화산 성지 순례를 다녀오게 되었다. 4박 5일을 같이 여행하면서 일송 거사가 빛을 의식하게 되었다. 이후 일송 거사가 변했다. 사람은 바뀌기 힘들다고 한다. 하지만 일송 거사는 절에 와서 빛을 의식하기 시작하면서 빛을 먹고 빛이 달라졌다.

이제 이 빛나는 깨달음의 빛으로 세상이 새로워지고 모두의 운명이 매일 새로워지기를 기도하면서 그는 빛을 향해 가는 배에 모든 사람을 태우고 빛나는 수행의 바람을 모는 선장이 되었다. 해피한 선장, 그러다 보니까 유유상종, 해피스타 연예인을 행복하게 하는 연예인—이 시대 달마 스님의 모습을 한 상수 씨를 한배에 태웠다. 이제 운명의 네비게이션에 정확히 찍혔다. 우주의 중심은 대광명 빛이다.

# 빛나는 것끼리

## 우리는 모두 세상을 행복하게 하는 빛나는 스타

대덕(大德)은 '큰 덕'이라는 뜻이다. 이 세상에서 제일 큰 것은 바로 빛 광(光)자, 광덕(光德)이다. 빛이 제일 크다. 세상 끝까지 안 통하는 데가 없는 깨달음의 빛. 크다고 하는 것은 빛을 상징한다. 이런 의미의 이름을 가진 대덕 보살님의 이야기다.

대덕 보살님은 인상이 마치 영국의 대처 수상처럼 느껴진다. 철의 여인처럼 강한 의지를 갖고 있는 대덕 보살님이 생사의 경계를 넘어서 살 수 없다는 병에 걸렸었다. 다행히 완쾌되어 이젠 그 가피를 받아 사람 살리는 일을 하고 있다. 홍대입구역 사거리 제일 큰 오피스텔에 위치한 그의 연구실을 찾았다. 그는 종교를 넘어 이미 빛을 통해 사람들의 기운을 상생시키는 일을 하고 계셨다. 스님, 신부님, 수녀님 등 성직자들의 건강을 치유해 주고, 기도하며 세상의 빛을 더 밝게 나툴 수 있도록 돕는, 하늘도 땅도 모르게 빛의 행을 하고 있는 분이었다.

대덕 보살님과의 인연으로 우리나라 공항 리무진 회사를 경영하는 관광협회 신 회장님이 우리 절에 오셨다. 나는 그에게, 아니 공항 리무진 버스에 큰 관심이 생겼다. 왜냐하면 공항에 갈 때마다 그 수많은 리무진 버스가 우리 해피만다라 성지에 세계 모든 사람들을 실어 나르는 그 날을 상상하며 기도하면서 날마다 즐거웠기 때문이다. 그래서 그 옛날 궁예의 관심법처럼 관심이 생겼다.

그분은 음성에 빛이 살아 있는 분이었다. 어떤 사람이든 어떤 문제의식을 느낄 때는 겸허히 마음의 문을 열고 큰 세상의 큰 빛을 받아들이는 기도가 우선이다. 날을 정해 지금까지 모든 것에 감사하는 마음으로 하늘과 조상님과 세상을 위해 공양 올리자고 하였다. 그의 아내인 일화 보살님이 오셨는데 첫 느낌에도 마치 전생부터 만났던 사람처럼 깊고 강한 에너지가 당겼다.

기도를 끝내고 도량을 한 바퀴 돌면서 날이 저물었다. 각 단에 예를 올리기 위해 도량을 나섰다. 관음전과 보궁을 참배하고 연못 위에 석불 부처님이 모셔진 곳으로 올라갔다. 불을 켜고 절을 하려는 순간 왠지 부처님이 약간 뒤로 기대앉으신 것 같아 성큼 불단에 올라가 부처님 몸을 약간 앞으로 하려는데 순간 뭔가가 톡 떨어졌다. 살펴보니 정말 신기하게 백옥 같기도 하고 재질을 알 수 없는 돌인데 앞에는 태극 문양과 팔괘가, 뒤에는 빛나는 눈동자가 조각된 모양이었다.

매일 내가 이야기하던 마음의 눈동자, 빛나는 눈, 음과 양이 만나는 태극의 빛, 깨달음의 눈동자, 우리나라가 세계를 행복하게 하는 빛이 탄생하는 곳이자 태극의 중심, 이제는 그 중심에 코드를 꽂고 깨달음의 빛나는 눈을 뜨라는 말들이 압축적으로 표현된 돌이었다.

"우리는 세상을 행복하게 하는 빛나는 스타, 해피 스타입니다. 빛나는 해피불입니다."

하루에도 수없이 하는 축원이었다. 시절인연과 그 에너지가 지극해지면 시공을 초월해 소리도 들리고 빛도 보이고 티베트에서는 불상도 하늘에서 날아온다고 하더니, 조그만 표상이지만 지금 이 시대 모두를 행복하게 할 엄청난 빛의 스위치가 생긴 것이다. 신 회장님 댁 기도를 인연으로 법계에서 보내준 선물이다. 이분들이 법계에서 보내온 메시지를 깨닫고 태극의 중심에서 빛의 수레바퀴에 올라 황금문을 열고 세상을 행복하게 하는 별이 되어 빛나길 기원한다.

 ## 모두 스타, 사람의 생각이 빛나면
## 그 빛이 빛나는 것들과 만나 더 큰 빛이 된다

생각해 보니 같은 기운을 끌어당기는 것은 자연의 이치다. 기도 원력으로 산신각을 지으려고 할 때의 일이다. 신축허가를 받기 위해 측량회사에 일을 맡겼다. 강원 측량에서 와서 측량을 하는데 이상하게 그곳은 100% 허가가 나는 곳인데 허가가 자꾸 지연되는 것이었다. 그날 밤도 꿈에 산신님이 나타났다.

"그 자리가 아니고 이 자리이다."

그렇게 정확하게 선몽해 주셨다. 평소 몽중가피를 체험한 일이 많았던 나는 바로 '그 자리에 산신각을 지어야겠다.'라고 생각하면서 법회 때 신도들을 향해 아무런 계산도 없이 선언했다.

"앞으로 100일 안에 산신각을 다 지을 겁니다. 여러분들 모두 들어보세요. 이곳이 금학산 황금만다라산 빛의 성지이니 산신님도 빛의 산신님이십니다. 이 세상에서 제일 성취가 빛나고 빠르신 산신님의 역사이니 모두 동참합시다."

이렇게 나는 100일 안에 산신각을 짓겠다는 말을 던졌다.

그 다음날 너무 피곤해서 낮에 다락방에 올라가 잠깐 쉬는데 살포시 잠이 들었다. 꿈에서 산신님이 반짝반짝 빛나는 다이아몬드를 내 손에 쥐어주시는 순간, 우리 사무장이 "스님, 손님이 왔어요." 하고 소리치며 나를

_ 빛나는 옴 왕자

깨웠다. 나는 눈을 번쩍 뜨고 후다닥 다락방에서 내려왔다.

"스님, 제가 산신각에 대들보를 하나 올리겠습니다."

의류를 만드는 ㈜모두스타의 박철우 회장님이셨다. 회사 이름이 모두 '스타'이다. 같은 기운끼리 모이는 법이다.


이렇듯 같은 생각이 같은 에너지와 같은 사람들을 끌어들인다. 깊은 산의 벼랑 끝에 한 송이 꽃이 피어도 벌과 나비가 날아드는데, 하물며 사람의 생각이 빛나면 그 빛이 모든 빛나는 것들과 만나 더 큰 빛이 되는 것이다. 사람의 빛을 모아 황금만다라산을 이루자. 이제 세상의 병, 물질의 병, 육체의 병, 정신의 병, 업의 병을 치유하고 새롭게 할 빛의 언덕 황금 히말라야가 꿈인 해피만다라 성지 산신님께 기도한다.

이곳 대광명 빛의 중심 만다라산에 부처님과 불법을 옹호하고 빛나게 할 인간만다라 '해피라이언'이 모여들게 해달라고 간절히 기도하고 있다.

# 라훌라여, 그때 더 빛나라



부처님은 광명을 지닌 사람이라는 의미를 가지고 있다. 금인(金人). 부처님 불(佛) 자는 '사람 인(人) 변'에 '털 불(弗)자'를 합친 것이다. 사람이 털어내면 빛이 난다는 뜻이다. 번뇌를 털면 빛나게 되는데 그것이 바로 해탈이다. 어둠을 털고 스스로 빛을 내는 것이 바로 부처님이 되는 법이다.

그래서 불법을 향해 법륜의 수레바퀴를 굴려 밝은 쪽으로 계속 가야 한다. 그것이 제행무상(諸行無常)이다. 본래 상이란 없는 것이다. 무상(無常)인 이유는 계속 변하기 때문이다. 계속 더 밝은 빛의 상(像)으로 바꾸어 가는 것이 수행이다. 만다라는 빛의 수행자로, 빛나는 쪽으로 빛의 수레바퀴를 돌리는 것이다. 빛을 가진 자가 부처이다. 그래서 부처님 몸에 황금옷을 입히고 황금궁전을 지어 모시는 것이다.

평소 인연이 있는 듯 웬지 친근하게 느껴졌던 배우 이재용 씨가 어느 눈이 펄펄 오는 날 미끄러운 길을 달려 절에 찾아왔다. 힘들었을 그의 여정이 느껴져서인지 더욱 반가웠다. 이 시대 어둠 속에 빛을 느끼게 하는 사람이라는 생각이 들어 관심이 있었는데, 생각대로 그가 해피만다라를 찾아온 것이다. 그날부터 나는 그를 통해 드라마나 영화 속에서 모두가 마음에 깨달음의 빛을 볼 수 있기를, 더 멋지게 새롭게 빛나는 스타가 되리라는 기도를 하고 있다.

한편 내가 이재용 씨뿐만 아니라 수많은 스타들을 위해 기도를 하게 된 것은 스타들의 연이은 자살 소식을 듣고 참담할 정도로 가슴이 아팠기 때문이다. 우리나라 스타들의 자살 소식은 거론하기조차 힘들고, 명배우 로빈 윌리엄스가 자살했다는 소식 또한 참으로 충격적이었다. 영화 〈죽은 시인의 사회〉에서 현재를 즐기라고 충고하며 '카르페 디엠'을 외치던 모습이 매우 인상적이었던 배우였다. 그는 스스로 목숨을 끊기 전에 경제적인 어려움에 시달렸고, 이를 해결하기 위해 악역도 마다하지 않고 배역을 맡아 연기했다고 한다. 어두운 역할을 연기하면서 어둠에 사로잡혀 어둠이 그를 삼켜버린 것이다.

배트맨의 라이벌인 조커 역할을 맡아 눈부신 연기를 보여주었던 히스 레저나 〈크로우〉라는 영화에서 어두운 분위기의 주인공을 맡았던 이소룡의 아들 브랜든 리도 비슷한 과정을 거치면서 우리 곁을 영원히 떠나고 말았다. 너무나 안타까운 일이다.

악역을 하더라도 빛을 의식하고 있으면 게이트가 빛나는 쪽으로 열려 어둠에서 쉽게 탈출할 수 있다. 어두운 역을 하더라도 더 주목받고 더 인기를 누리는 스타가 될 수 있다. 빛을 의식하면 악역이 더 멋있을 수 있는 것이다. 어두운 역할은 오만한 아수라의 기운을 가졌기 때문에 악역을 할수록 더 빛을 의식해야 한다.

어둠을 가져다 써라. 그리고 빛의 출구를 찾아라. 고통 속에 있어도 우리는 빛의 출구를 항상 의식하고 있어야 한다. 아니면 업의 인연이 그대로 온다. 업을 피하는 방법은 빛을 의식하는 것뿐이다. 어둠을 활용하면서 항상 빛을 이용하면 우주의 기운이 빠르게 작동해 소원을 현실로 만들어준다.


미국 메이저리그 역사에 영원히 남을 위대한 왼손투수 샌디 쿠펙스도 제구력에 문제가 있어 후보 선수로 지낸 시간이 있었다. 선수 생활을 포기할지 말지 고민하던 그는 마지막으로 한 번만 더 해 보기로 결심하고 자신이 원하는 위치에 공이 들어가는 모습을 상상하며 혹독한 훈련을 거듭했다.

샌디 쿠펙스는 다시 시즌이 시작된 후 주전투수 한 명이 부상으로 빠진 틈을 놓치지 않고 원정행 비행기의 마지막 한 자리를 겨우 차지하는 데 성공한다. 그리고 팀이 원정에서 돌아왔을 때 그는 불같은 강속구를 뿌리는 에이스 투수가 되어 있었다.

샌디 쿠펙스의 후계자로 불리는 커쇼도 처음 메이저리그에 진출했을 때는 공만 빠른 유망주에 불과했다. 커쇼는 스피드를 약간 낮추고 제구력을 높이면서 다양한 변화구를 몸에 익혔다. 현재 커쇼는 예리하게 제구되는 수준급의 강속구와 최고로 평가받는 커브, 슬라이더를 앞세워 메이저리그를 평정하고 있다.

두 사람 다 메이저리그의 강타자들을 상대할 방법을 찾지 못해 어둠속에서 허우적거리는 힘든 시간을 보냈다. 하지만 그 동안에도 늘 빛나는 탈출구를 찾으려고 애썼기 때문에 빛의 문을 열고 스스로 빛나는 스타가 된 것이다.


요즘 이런 진리에 매료되어 불교에 심취하는 스타들이 전 세계적으로 늘어나고 있다. 우리나라에서는 영화제에서 수상하는 스타들 가운데 하느님께 영광을 돌리는 분들이 많다. 하지만 할리우드에는 불교를 신앙이자 생활철학으로 받아들여 그 가르침대로 살아가는 스타들이 많다.

미남배우 리차드 기어는 별명이 '할리우드의 수도승'일 정도로 불교적인 삶을 살고 있다. 안젤리나 졸리는 억만 겁의 인연으로 만난 브래드 피트와 결혼하는 날짜까지 스님과 상의할 정도로 모든 일을 불교의 가르침에 따라 진행한다. 키아누 리브스, 올랜도 블룸, 맥 라이언, 스티븐 시걸, 기네스 펠트로, 산드라 블록, 레오나르도 디카프리오 등 수많은 할리우드의 스타들과 타이거 우즈, 베컴 등 스포츠 스타들

_그때 더 빛나라

중에도 불자가 많다.

불교는 앞으로 세계 종교로 더욱 성장하고 다양한 종교의 가르침을 통합해 나갈 것이다. 빛은 모든 것과 다 통하기에 모두를 새롭게 하며 찬란한 세상을 만든다. 내가 만드는 세상, 내가 만드는 새로운 운명, 끝없는 업그레이드, 빛의 길에 올라 황금문 열고 마음이 원하는 그대로 다 이루어지이다.

# 빛나는 압구정동

메르스가 무섭다. '세상에 돈으로도 안 되는 일이, 마음대로 안 되는 일이 있구나.' 사람들이 모두 느꼈다. 뉴스를 통해 매일 사건·사고·죽음을 보고 있지만, 그저 스쳐만 지나가도, 한 공간에 있기만 해도 순식간에 감염되어 나의 문제가 될 수 있는 상황을 보고 모두 놀랐다.

우리에게 문제는 수없이 찾아온다. 그리고 우리는 그때마다 답을 구한다. 임시방편이 아닌 영원한 답을 찾아 여기저기 헤매기도 한다. 여기저기에 끼워 맞추는 답이 아닌, 그 어디에도 맞는 답. 모든 것을 열 수 있는 마스터키를. 이번에는 어떤 약이, 어떤 공식이 답일까?

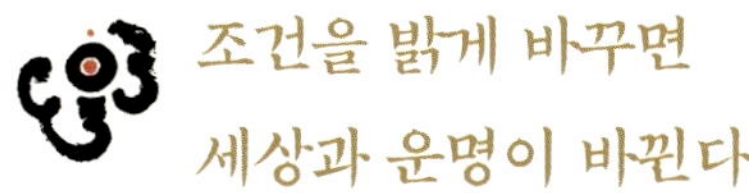 조건을 밝게 바꾸면
세상과 운명이 바뀐다

세상이 빠르게, 점점 빠르게 변하고 있다. 우리가 의식하든 못하든 산도 바다도 날씨도 사람도 다 변하고 있다. 이제는 눈으로 보인다. 변하는 세상이… 그간 눈으로 보이는 세상을 만드는 일에 전력 질주해 왔다.

하지만 그 모든 것은 바로 보이지 않는 마음의 빛을 사용해 온 결과물이다. 마음의 빛을 어디에 어떻게 사용해 왔는가에 따라 모양이, 온도가, 습도가 변하고 물질이 만들어지고 새로운 세상이 창조된다. 지금의 조건 아래에서 만들어진 세상의 병이 문제라면 지금 이 순간 지금의 조건, 온도, 습도가 바뀌면 해결된다. 더 업그레이드하면 된다. 밝게 바르게 멋있게, 더 빛나는 의식으로 바꾸는 것, 흐름을 바꾸는 것이 답이다.

지금의 어둠을 해결하려면 판을 바꿔야 한다. 더 밝은 빛의 흐름에 올라 빛의 문을 열고 대우주의 밝은 빛에 합류하여 하나로 물들어 버려야 한다. 유유상종, 물은 물끼리 기름은 기름끼리 모이는 것처럼 지금 마음의 온도, 습도, 조건을 청정하게 밝게 바꾸면 세상과 운명이 바뀐다. 진흙투성이 연못 속에서 연꽃이 피어 빛나는 것처럼 세상의 문제 속에서도 물들지 않고 더 빛나게 된다.

옴마니반메훔. 관음의 힘을 염하면 물에 빠져도 젖지 않으며 불에 들어가도 타지 않으며…

수행하는 사람과 나라를 수호하고 재난과 재앙을 겪지 않도록 그 어떤 병마 속에서도 불보살님들과 사천왕이 수호하여 빛나게 하는 금광명경.

금광명경은 호국경이고 이 경전을 소의경전으로 하는 만다라 성지인 만큼 적극적으로 나라와 만중생의 안위를 위해서 기도로 용맹 정진해야 할 때다. 우리는 금광명경으로 약사여래칠불 100일 기도를 시작하였다.

TV 뉴스는 하루 종일 메르스 관련 방송이다. 음력 5월 초하루(6월 16일) 새벽 3시 빛나는 수행자들을 위한 초하루 촛불 공양기도를 하고 신도 분들에게 초하루 사진 메시지를 보내기 위해 사진을 찍으려 할 때였다. 갑자기 법당의 부처님들이 온통 방광하는 게 아닌가. 비로자나 부처님도, 석가모니 부처님도, 약사여래 부처님도, 지장왕 보살님도, 석불님도, 아직 점안을 하지 않은 부처님들도, 연못의 관세음보살님도 방광하고 계셨다. 아래 법당에 내려와 보니 아미타 부처님도 역시 눈부시게 방광하고 계신 것이 아닌가.

초하루부터 신기한 방광에 얼마나 감사했는지 모른다. 손으로 삭발한 머리를 만져보았다. '내가 스님이구나' 하고 생각하면서 얼마나 감사했는지 모른다. 부처님의 방광을 보면서 불법을 따르는 승려라는 사실 자체가 고마웠고, 앞으로 무엇을 해야 할지 더 열심히 고민하게 되었다.

'부처님 감사합니다, 감사합니다. 이 빛의 길에 오르는 모든 제자들 마음이 원하는 그대로 다 이루어지이다.'

마음 깊이 저절로 축원이 나왔다.

## 힐 음으로 빛나는 사람
## 빛나는 압구정동

새벽예불을 마치고 다음 날 있을 강란자 보살님 댁 황금해탈 천도재에 쓸 꽃을 사기 위해 서울 고속터미널 꽃시장으로 갔다. 꽃을 사고 홍천으로 바로 내려오려고 올림픽 도로에 막 접어들 때였다. 갑자기 "압구정동으로 갑시다."라고 일송 거사에게 말해 버렸다. 그냥 불현듯 압구정동으로 가고 싶었다. 일송 거사는 "스님, 압구정동 어디로 갈까요? 여기 세울까요, 아님 저기 사거리 지나서 설까요?"라고 묻기에 현대백화점 앞에 잠깐 차를 멈추라 했다.

오른편에 이화부동산이 보였다. 나는 아무런 사전준비 없이 "저기 잠깐 가보자" 하며 대명화 보살님과 함께 차에서 내려 부동산에 들어갔다.

문 앞 책상에 앉으신 사장님이 "어떻게 오셨습니까?" 하는데 갑자기 할 말이 없었다. 미리 생각해 둔 것이 없어서… 순간적으로 "여기 학생들 그림 가르치고 할 수 있는 사무실 혹 있을까요?"라는 말이 나도 모르게 나갔다. 그런데 그분이 스님인 나를 보고 "아, 여기 절이 하나 나온 것이 있긴 한데요. 30년 된 절인데요."라고 하는 것이 아닌가.

"아, 그래요?"

"네, 건물 4층인데 거기 가 보시렵니까?"

나는 꼭 약속을 미리 한 것처럼 기다렸다는 듯이 바로 따라나섰다.

"압구정역 5번 출구에서 나오면 바로예요. 위치가 정말 좋아요. 30년이나 절을 한 곳이라 힘이 있을 거예요."

부동산 사장님의 설명이 이어졌지만 마음의 빛을 따라왔기에 그 빛을 따라갈 뿐이었다. 나는 계속 새벽 예불 때 방광하신 부처님 빛을 마음에 담고 마음이 하는 대로 따라가고 있었다.

지금 이렇게 세상이 힘들 때인데 어떻게 해야 하나? 하는데 "난세에 영웅이 난다" 소리가 들렸다. 금광명경이 난세를 구하는 영웅인 것이다. 금광명경을 압구정동에서 펴라는 사명인가? 메르스 때문에 문 닫는 곳이 오히려 많은데 어떻게든 압구정동에서 황금의 문을 열라는 부처님 메시지인가?

나는 홍천 여래사에 돌아와서 어떻게 해야 하는지 부처님께 3일 기도로 여쭈어야겠다고 생각하고 더욱 간절하게 기도하였다.


안주하고 피하면 오히려 죽는 법.
라훌라여, 그때 더 빛나라.
그때 한 걸음 더 나서서 황금문을 열어라.


내가 매일 기도하면서 강남에서 금광명경 독송을 해야 한다고 하지 않

— 빛나는 촛불

왔던가. 이제 진짜로 정진해야 할 때다. 병을 보고 피하는 것이 아니라 스님이라면 오히려 이때 더 나서서 바른 법을 펴고 세상을 축복하고 중생을 위해서 빛의 문을 열어 줘야 할 때인 것이다.

나는 바로 결심하였다. 이제 서울에, 강남에, 압구정동에 황금문 열고 업장과 어둠을 털고 이 빛의 길에 오르는 모든 이들 황금, 해탈, 성불, 원성취!

이제 나라를 청정하게 빛나게 구하는 빛의 대영약(大靈藥) 금광명경으로 황금문을 여는 일을 시작하는 것이 답이다. 나는 망설임 없이 계약하였다. 빛나는 압구정동부터 만들 것이다. 나는 8월부터 이곳에 만다라 아카데미를 열어 모두를 새롭게 빛나는 사람으로 만드는 일을 할 것이다. 새로운 이름도 만들었다. 힐 옴(Heal Om) 치유의 옴, 빛의 옴, 빛의 언덕, 해피 만다라 성지.

우리 힘으로 치유하기 어려운 병(病)에서 벗어나는 길은 빛의 대영약 약사여래칠불의 빛과 하나되는 것이다. 힐 옴으로 빛나는 해피불, 힐 옴으로 빛나는 사람, 빛나는 압구정동, 빛나는 서울, 빛나는 대한민국을 만들 것이다. 깨달음의 빛이 탄생하는 곳, 해피뉴코리아, 열려라 황금문. 이렇듯 기도의 빛을 따라가면 황금문이 열린다. ●

大樂光孕童禪
그때더빛나고

지금의 조건 아래에서 만들어진
세상의 병이나 문제라면 지금 이 순간
지금의 조건, 온도, 습도가 바뀌면 해결된다.
더 업그레이드하면 된다. 밝게 바르게 멋있게,
더 빛나는 의식으로 바꾸는 것,
흐름을 바꾸는 것이 답이다.

지금의 어둠을 해결하려면 판을 바뀌야 한다.
더 밝은 빛의 흐름에 올라 빛의 문을 열고
대우주의 밝은 빛에 합류하여
하나로 물들어 버려야 한다.

아차도량여제주  시방삼보영현중
我 此 道 場 如 帝 珠  十 方 三 寶 影 現 中

아신영현삼보전  누면접족귀명례
我 身 影 現 三 寶 前  頭 面 接 足 歸 命 禮

옴마니반메훔 옴리제미제기사은제지 바르타니 스바하
HAPPY MANDALA HAPPY NEW KOREA HAPPY NEW WORLD

깨달음의 빛이 탄생하는 곳, 해피만다라 해피뉴코리아
빛나는 해피불이 탄생하기까지 모든 시간에 동참해 주신
큰스님들께, 도반스님들께 또한 너무도 아름답고 빛나는 마음으로 간절하게 기도하고
불사에 동참, 봉사하면서 정진해 온 모든 인연들에게 감사합니다.
너무 기뻐서 지면에 이름을 꼭 모시고 싶었지만 감사한 분이 너무도 많아,
행여 그 어떤 한 분이라도 누락되어 섭섭함이 생길까 조심스러워
부처님께 이 시간 한 분, 한 분 이름을 크게 축원 올립니다.

◉

모두가 빛나는 해피불의 주인공, 이 대광명 빛의 길에 오르는 모든 이들,
빛나는 수행자, 초하루 촛불 공양기도제자, 새로운 운명 봉명기도 정진제자,
약사여래칠불 100일기도 정진제자, 기도에 인연된 모든 분들,
각각 불사에 동참기도자, 금광명경 오백제자들, 여래사신도회,
관음회, 보현회, 거사회, 만다라합창단, 만다라 법륜대학생들,
도량 안팎에서 정진하고 있는 모든 인연들,
미국과 영국, 홍콩, 네팔, 일본 등 세계 각국에 인연된 빛나는 수행자 해피불,
한 분도 빠짐없이 축원하며, 책을 세상에 나오도록 출판해 주신
민족사와 모든 인연들에게 감사드립니다.

◉

빛나는 생각, 빛나는 말, 빛나는 몸,
빛나는 행으로 빛나는 수행자 해피불,
우리는 세상을 행복하게 하는 깨달음의 별 해피스타,
빛나는 해피불의 인연으로 모든 이들,
그의 조상님들, 또한 세상의 모든 존재들이 빛의 길에 올라
자유 · 자재 · 황금 · 해탈 · 성불 금광명경 부처님나라 황금제국 건설,
황금문 열고 마음이 원하는 그대로 다 이루어지이다.

◉

# All of your wishes shall come true.

◉

빛나는
해피불

| | |
|---|---|
| 초판 1쇄 인쇄 | 2015년 8월 25일 |
| 초판 1쇄 발행 | 2015년 8월 30일 |
| | |
| 지은이 | 동휘 |
| 펴낸이 | 윤재승 |
| | |
| 주간 | 사기순 |
| 기획편집 | 사기순, 최윤영 |
| 영업관리 | 이승순, 공진희 |
| 디자인 | 나라연 |
| | |
| 펴낸곳 | 민족사 |
| 출판등록 | 1980년 5월 9일 제1-149호 |
| 주소 | 서울 종로구 삼봉로 81 두산위브파빌리온 1131호 |
| 전화 | 02-732-2403, 2404 |
| 팩스 | 02-739-7565 |
| 홈페이지 | www.minjoksa.org |
| 페이스북 | www.facebook.com/minjoksa |
| 이메일 | minjoksabook@naver.com |

ⓒ 동휘, 2014. Printed in Seoul, Korea

ISBN   978-89-98742-52-2  (03220)